· 本书是北京市优秀人才青年拔尖团队项目（项目编号：2017000026833TD01）的阶段性成果

领导风格、员工追随行为与领导效能

席燕平◎著

Leadership Style, Following Behavior and
Leadership Effectiveness

经济管理出版社
ECONOMY & MANAGEMENT PUBLISHING HOUSE

图书在版编目（CIP）数据

领导风格、员工追随行为与领导效能/席燕平著 . —北京：经济管理出版社，2020.7
ISBN 978 - 7 - 5096 - 7130 - 6

Ⅰ.①领⋯　Ⅱ.①席⋯　Ⅲ.①企业管理—研究　Ⅳ.①F272

中国版本图书馆 CIP 数据核字（2020）第 087219 号

组稿编辑：梁植睿
责任编辑：梁植睿
责任印制：黄章平
责任校对：张晓燕

出版发行：经济管理出版社
　　　　　（北京市海淀区北蜂窝 8 号中雅大厦 A 座 11 层　100038）
网　　　址：www. E - mp. com. cn
电　　　话：（010）51915602
印　　　刷：北京玺诚印务有限公司
经　　　销：新华书店
开　　　本：720mm×1000mm/16
印　　　张：12. 75
字　　　数：215 千字
版　　　次：2020 年 7 月第 1 版　　2020 年 7 月第 1 次印刷
书　　　号：ISBN 978 - 7 - 5096 - 7130 - 6
定　　　价：68. 00 元

前　言

　　本书采用理论建构与实证分析相结合的研究方法，遵循"领导风格—员工与领导互动（员工追随行为）—领导效能"的逻辑主线，分别对真实型领导和辱虐型领导影响员工追随行为、领导效能的作用机制进行了深入的分析和探讨。主要包含以下研究内容：①考察真实型领导和辱虐型领导对员工追随行为的影响，并基于社会认同理论分析员工对领导认同在上述关系中的中介作用；②探索权力距离导向在真实型领导、辱虐型领导与员工追随行为关系间的调节机制；③在上述两项内容的基础上，进一步构建有调节的中介效应模型，更加深入地探究权力距离导向在真实型领导和辱虐型领导通过领导认同间接作用于员工追随行为中的调节作用；④考察真实型领导和辱虐型领导对领导效能的影响，并实证检验员工追随行为在这一关系中的中介作用。

　　本书通过对 714 份企业全职员工的问卷调查数据的实证分析，基于结构方程建模技术，运用 SPSS 22.0、AMOS 22.0 等统计分析软件，严格遵循实证研究的基本范式，得到以下研究结论：①真实型领导显著正向影响员工追随行为、辱虐型领导显著负向影响员工追随行为；②领导认同在真实型领导、辱虐型领导与员工追随行为的关系间发挥了部分中介效应；③权力距离导向在真实型领导、辱虐型领导与员工追随行为的关系间发挥调节效应，具体而言，权力距离导向正向增强了真实型领导对员工追随行为的正向影响作用，负向干扰了辱虐型领导对员工追随行为的负向预测作用；④更进一步地，领导认同在辱虐型领导与员工追随行为之间的中介效应受到权力距离导向的调节，即在本书中，有调节的中介效应模型是成立的；⑤真实型领导显著正向影响领导效能、辱虐型领导显著负向影响领导效能；⑥员工追随行为在真实型领导、辱虐型领导与领导效能的关系间发挥了完全中介作用。

与以往研究相比，本书在以下四个方面进行了新的尝试：第一，选取真实型领导和辱虐型领导分别作为积极型领导行为和破坏型领导行为的典型代表，并考察这两种领导风格对员工追随行为、领导效能的作用机制。现有文献尚没有这样的理论关系构型，因此本书对于真实型领导、辱虐型领导、员工追随行为和领导效能四者关系的研究，为理解这些变量之间的关系提供了初步线索。第二，本书探讨了两个方面的中介作用：其一，分析了员工对领导认同在真实型领导、辱虐型领导及员工追随行为关系间的中介效应，指出真实型领导、辱虐型领导对员工追随行为的作用一部分是通过改变员工对领导的认同而实现的；其二，分析了员工追随行为在真实型领导、辱虐型领导与领导效能关系间的中介效应，指出真实型领导、辱虐型领导对领导效能的影响是通过员工追随行为的传递作用来实现的。对于中介机制的探讨丰富了领导风格作用的现有解释机制，也为有效激发员工的追随行为、提升领导效能提供了新的思路。第三，真实型领导和辱虐型领导理论均起源于西方文化背景，它们的作用和效果并不是普适的，而是会受到东西方文化差异的影响。本书在中国本土情境下，从个体文化价值观的视角探讨了权力距离导向在真实型领导、辱虐型领导与员工追随行为之间的调节作用，支持了领导风格的"权变观"，不仅丰富了这两种领导风格的相关研究，而且还清晰地界定了领导风格作用于员工追随行为的边界条件。第四，更进一步地，本书构建了有调节的中介效应模型，有助于更加深入地理解真实型领导、辱虐型领导、领导认同、权力距离导向和员工追随行为之间的关系。

目　录

第一章　绪论 ………………………………………………………… 1

第一节　研究背景、目的与意义 …………………………………… 1

一、研究背景 ………………………………………………… 1

二、研究目的 ………………………………………………… 4

三、研究意义 ………………………………………………… 5

第二节　相关概念界定 ……………………………………………… 7

一、领导风格 ………………………………………………… 7

二、追随行为 ………………………………………………… 8

三、领导认同 ………………………………………………… 8

四、权力距离导向 …………………………………………… 8

五、领导效能 ………………………………………………… 9

第三节　研究方法 …………………………………………………… 9

一、文献研究法 ……………………………………………… 10

二、问卷调查法 ……………………………………………… 10

三、统计分析法 ……………………………………………… 11

四、访谈法 …………………………………………………… 11

第四节　研究思路与结构安排 ……………………………………… 12

一、研究思路 ………………………………………………… 12

二、结构安排 ………………………………………………… 13

第五节　主要创新点 ………………………………………………… 16

一、首次构建真实型/辱虐型领导作用于追随行为和领导效能的

　　研究模型 ·· 16

二、发现并验证了员工对领导认同和员工追随行为的重要

　　中介机制 ·· 17

三、发现并验证了权力距离导向对员工追随行为的权变影响 ······· 17

四、尝试验证有调节的中介效应模型 ·························· 18

第二章　相关文献综述 ·· 19

　第一节　真实型领导文献综述 ·································· 20

　　一、真实型领导的内涵与特点 ······························ 20

　　二、真实型领导的维度和测量 ······························ 25

　　三、真实型领导的影响效应及影响机制 ······················ 26

　第二节　辱虐型领导文献综述 ·································· 31

　　一、破坏性领导文献综述 ·································· 31

　　二、辱虐型领导的内涵 ···································· 35

　　三、辱虐型领导的维度测量 ································ 37

　　四、辱虐型领导的影响效应及影响机制 ······················ 37

　第三节　追随行为文献综述 ···································· 41

　　一、追随歧视的缘起与反思 ································ 41

　　二、追随动机 ·· 43

　　三、追随、追随者、追随力的内涵 ·························· 44

　　四、追随行为的内涵与特点 ································ 47

　第四节　领导效能文献综述 ···································· 49

　　一、工作绩效文献综述 ···································· 50

　　二、情感承诺文献综述 ···································· 53

　第五节　领导认同文献综述 ···································· 56

　　一、领导认同的内涵 ······································ 56

　　二、领导认同的相关研究 ·································· 58

　第六节　权力距离导向文献综述 ································ 59

　　一、权力距离导向的内涵 ·································· 59

二、权力距离导向的影响研究 ·································· 60

本章小结 ··· 61

第三章　理论基础与研究假设 ······································ 62

第一节　理论基础与研究模型 ······································ 62
一、社会认同理论 ··· 63
二、社会交换理论 ··· 64
三、本书的构念模型 ······································· 66

第二节　领导风格与员工追随行为 ·································· 66
一、真实型领导与员工追随行为 ····························· 67
二、辱虐型领导与员工追随行为 ····························· 68

第三节　领导认同在领导风格与员工追随行为间的中介效应 ··· 69
一、真实型领导、辱虐型领导与领导认同 ···················· 70
二、领导认同与员工追随行为 ······························ 71
三、领导认同的中介效应 ·································· 72

第四节　权力距离导向在领导风格与员工追随行为间的调节效应 ··· 73
一、权力距离导向在真实型领导与员工追随行为间的调节
效应 ··· 73
二、权力距离导向在辱虐型领导与员工追随行为间的调节
效应 ··· 74

第五节　有调节的中介效应 ··· 76

第六节　领导风格对领导效能的影响机制 ························ 77
一、真实型领导与领导效能 ································· 77
二、辱虐型领导与领导效能 ································· 78
三、员工追随行为在领导风格与领导效能间的中介效应 ········ 78

本章小结 ··· 79

第四章　实证研究设计与预调研 ······································ 81

第一节　量表设计 ··· 81
一、量表设计流程 ··· 81

二、测量工具选择 ··· 82

　第二节　研究程序与实证分析方法 ································ 87

　　　　一、研究程序 ··· 87

　　　　二、实证分析方法 ·· 88

　第三节　预测试与问卷验证 ·· 89

　　　　一、预测试样本描述 ·· 89

　　　　二、预测试样本信度和效度评价 ························· 91

　　　　三、测量问卷修订 ··· 100

　本章小结 ··· 100

第五章　数据收集与初步数据分析 ································· 101

　第一节　数据收集 ·· 101

　第二节　初步数据分析 ·· 102

　　　　一、缺失值处理 ·· 102

　　　　二、正态分布检验 ··· 102

　　　　三、同源方法偏差检验 ······································ 105

　　　　四、样本容量 ·· 106

　第三节　问卷信度和效度检验 ····································· 107

　　　　一、问卷信度检验 ··· 107

　　　　二、问卷效度检验 ··· 108

　第四节　描述性统计分析和相关性分析 ························ 112

　　　　一、人口统计学信息 ··· 112

　　　　二、描述性统计和相关性分析 ···························· 115

　本章小结 ··· 117

第六章　领导风格对追随行为影响机制的实证检验 ············ 119

　第一节　真实型领导、辱虐型领导对员工追随行为的直接效应检验 ······ 119

　第二节　领导认同的中介效应检验 ······························· 120

　　　　一、真实型领导、辱虐型领导对领导认同的直接效应检验 ······ 120

　　　　二、领导认同在真实型领导与员工追随行为间的中介效应检验 ······ 121

三、领导认同在辱虐型领导与员工追随行为间的中介效应

检验 ……………………………………………………… 123

第三节　权力距离导向的调节效应检验 ……………………… 125

一、权力距离导向在真实型领导与员工追随行为间的调节

效应检验 ……………………………………………… 125

二、权力距离导向在辱虐型领导与员工追随行为间的调节

效应检验 ……………………………………………… 128

第四节　有调节的中介效应检验 ……………………………… 130

一、真实型领导与员工追随行为间有调节的中介效应检验 ……… 130

二、辱虐型领导与员工追随行为间有调节的中介效应检验 ……… 131

第五节　研究结果及讨论 ……………………………………… 132

第七章　领导风格对领导效能影响机制的实证检验 …………… 134

第一节　领导风格对领导效能的直接效应检验 ……………… 134

一、真实型领导对领导效能的直接效应检验 ……………… 134

二、辱虐型领导对领导效能的直接效应检验 ……………… 135

第二节　追随行为在领导风格与领导效能间的中介效应检验 ……… 136

一、追随行为在真实型领导与领导效能间的中介效应检验 ……… 136

二、追随行为在辱虐型领导与领导效能间的中介效应检验 ……… 138

第三节　研究结果及讨论 ……………………………………… 139

第八章　研究结论及未来研究展望 ……………………………… 140

第一节　研究结论 ……………………………………………… 141

一、真实型领导和辱虐型领导对员工追随行为的主效应及其

相关结论 ……………………………………………… 142

二、真实型领导和辱虐型领导对领导效能的主效应及其

相关结论 ……………………………………………… 143

三、领导认同的中介效应及其相关结论 …………………… 143

四、员工追随行为的中介效应及其相关结论 ……………… 144

五、权力距离导向的调节效应及其相关结论 …………… 144

第二节　理论贡献 ……………………………………………………… 145

第三节　管理启示及建议 …………………………………………… 147

第四节　研究局限及展望 …………………………………………… 149

参考文献 …………………………………………………………………… 151

附　录 …………………………………………………………………… 175

图目录

图 1 - 1　本书的技术路线 ……………………………………………… 13

图 1 - 2　本书的内容框架 ……………………………………………… 14

图 2 - 1　Padilla 等（2007）的"毒三角"模型 …………………… 34

图 3 - 1　本书的构念模型 ……………………………………………… 66

图 6 - 1　权力距离导向在真实型领导与追随行为关系间的调节效应 ……… 127

图 6 - 2　权力距离导向在辱虐型领导与追随行为关系间的调节效应 ……… 130

表目录

表2-1 特质视角对真实型领导的界定 ……………………… 21

表2-2 行为视角对真实型领导的界定 ……………………… 23

表2-3 过程视角对真实型领导的界定 ……………………… 23

表3-1 研究假设汇总 ……………………………………… 79

表4-1 真实型领导测量量表 ………………………………… 83

表4-2 辱虐型领导测量量表 ………………………………… 83

表4-3 追随行为测量量表 …………………………………… 84

表4-4 领导认同测量量表 …………………………………… 85

表4-5 权力距离导向测量量表 ……………………………… 85

表4-6 领导效能（任务绩效、组织公民行为和情感承诺）测量量表 …… 86

表4-7 预测试样本人口统计信息（N=110） ……………… 90

表4-8 预测试各测量题项描述性统计 ……………………… 92

表4-9 真实型领导量表CITC及信度分析 ………………… 96

表4-10 辱虐型领导量表CITC及信度分析 ……………… 97

表4-11 员工追随行为量表CITC及信度分析 …………… 97

表4-12 领导认同量表CITC及信度分析 ………………… 98

表4-13 权力距离导向量表CITC及信度分析 …………… 99

表4-14 领导效能量表（任务绩效、组织公民行为和情感承诺）CITC及
信度分析 ……………………………………………… 99

表5-1 测量题项的正态性检验结果 ……………………… 102

表5-2 信度分析结果 ……………………………………… 107

表 5 - 3 各主要研究变量的聚合效度检验 ················ 110

表 5 - 4 模型拟合度的评价指标及标准 ················ 111

表 5 - 5 验证性因子分析结果（N = 714） ················ 112

表 5 - 6 被调查者的性别分布 ················ 113

表 5 - 7 被调查者的年龄分布 ················ 113

表 5 - 8 被调查者的婚姻状况分布 ················ 114

表 5 - 9 被调查者的受教育程度分布 ················ 114

表 5 - 10 被调查者与直接领导共事时间分布 ················ 115

表 5 - 11 被调查者所在单位性质分布 ················ 115

表 5 - 12 各主要研究变量的均值、标准差、相关系数和信度系数
（N = 714） ················ 116

表 6 - 1 真实型领导和辱虐型领导对员工追随行为的直接影响效应 ········ 120

表 6 - 2 真实型领导和辱虐型领导对领导认同的直接影响效应 ········ 121

表 6 - 3 领导认同在真实型领导与员工追随行为间的中介效应模型
拟合指数 ················ 122

表 6 - 4 真实型领导、领导认同与员工追随行为关系的路径系数 ········ 123

表 6 - 5 领导认同在辱虐型领导与员工追随行为间的中介效应模型
拟合指数 ················ 123

表 6 - 6 辱虐型领导、领导认同与员工追随行为关系的路径系数 ········ 124

表 6 - 7 权力距离导向调节真实型领导对员工追随行为影响的层级
回归结果 ················ 126

表 6 - 8 权力距离导向调节辱虐型领导对员工追随行为影响的层级
回归结果 ················ 129

表 6 - 9 权力距离导向在真实型领导与领导认同间的调节效应 ········ 131

表 6 - 10 权力距离导向在辱虐型领导与领导认同间的调节效应 ········ 131

表 6 - 11 领导认同在权力距离导向高低不同时的中介效应 ········ 132

表 6 - 12 假设 1 至假设 11 的验证情况 ················ 133

表 7 - 1 真实型领导对领导效能的直接路径分析结果 ················ 134

表 7 - 2 真实型领导对任务绩效、组织公民行为和情感承诺的直接路径
分析结果 ················ 135

表7-3　辱虐型领导对领导效能的直接路径分析结果 …………………… 135

表7-4　辱虐型领导对任务绩效、组织公民行为和情感承诺的直接路径
　　　　分析结果 ………………………………………………………… 136

表7-5　员工追随行为在真实型领导与领导效能间的中介效应模型
　　　　拟合指数 ………………………………………………………… 137

表7-6　真实型领导、员工追随行为与领导效能关系的路径系数 ………… 137

表7-7　员工追随行为在辱虐型领导与领导效能间的完全中介效应模型
　　　　拟合指数 ………………………………………………………… 138

表7-8　辱虐型领导、员工追随行为与领导效能关系的路径系数 ………… 139

表7-9　假设12至假设15的验证情况 ……………………………………… 139

表8-1　本书中研究假设的验证情况 ……………………………………… 141

第一章　绪论

本书绪论部分主要做了如下几方面工作：介绍选题的理论背景和现实背景、明确研究目的并阐述研究的理论意义和现实指导意义；界定真实型领导、辱虐型领导、追随行为、领导效能、领导认同和权力距离导向六个关键变量的概念；介绍本书所采用的四种研究方法；厘清研究思路并合理安排文章结构。在本章的最后，重点提炼了本书的创新之处。

第一节　研究背景、目的与意义

一、研究背景

（一）领导效能：一个历久弥新的研究课题

所谓领导效能，是指领导者在实施领导过程中的行为能力、工作状态和工作结果，即实现领导目标的领导能力和所获得的领导效率与领导效益的系统综合，包括领导能力、领导效率和领导效益三个要素。从理论的角度看，领导效能及其提升一直是人力资源管理尤其是领导研究领域的重要议题，它是领导者进行领导活动的出发点和归宿。看一个领导者是否实现了有效领导，最终都是要通过领导效能反映出来。

20 世纪 30 年代以前的领导特质理论希望能确定作为一个领导者所具备的特质，以解决什么样的人当领导最为合适的问题。20 世纪 30 年代末以后，领导风格理论认为领导者对被领导者所采取的控制方式（专制型、民主型和放任型）不同，将会影响组织的氛围，从而影响组织成员的行为和工作效率。20 世纪 40 年代后期，领导行为理论认为领导者在领导过程中所采取的领导行为与他们的工作效率之间存在着密切关系，专注于探讨组织中的哪些领导行为对领导效能产生影响。20 世纪 60 年代，领导权变理论提出领导风格或领导行为方式必须与情境变量相结合，才能获得好的领导效果。20 世纪 70 年代末以来，学术界提出了一些新的领导理论，如领导－成员交换理论、魅力型领导理论、变革型和交易型领导理论等，这些新型领导理论的核心目的，都是从不同的角度探索和研究如何提高领导效能。从实践的角度看，领导者在组织当中处于核心地位，掌握着企业的资源，履行计划、组织、领导、协调和控制的职能，其决策正确与否，会对组织的发展产生举足轻重的作用，在很大程度上关联着企业成败。随着经济社会的快速发展和知识经济时代的到来，领导者成为企业能否取得持续竞争优势的关键因素之一。德勤咨询围绕中国企业领导力发展的一项调研结果显示，91% 的企业认为领导力对企业发展起着关键作用。

（二）真实型领导和辱虐型领导的领导效能尚不明晰

在组织行为学研究领域，有关领导话题的研究始终占据了重要的位置，对于哪些因素影响领导效能（或称之为领导有效性）以及如何提高领导效能不仅得到了研究者们的热捧，同时，这两个问题更是管理实践中经久不衰的话题。在众多影响领导效能的前因变量中，领导者的领导风格也一直吸引着研究者的注意（舒睿、梁建，2015；陈佩等，2016）。相对于关注领导者的"才能"而言，真实型领导理论更加关注领导者的"德行"，这与中国传统文化对于"以德为先"的传统理念不谋而合（郭玮，2011）。作为一种新兴的且起源于西方文化背景下的领导理论，中国本土对于真实型领导的探讨开始于 2009 年，研究尚处于初期阶段，相关的理论研究成果和实证研究成果相对较少，对于真实型领导的作用效果和作用机制的探讨并不多见。此外，中国企业组织中权力距离普遍较高，员工很大程度上默认与领导者之间存在"上尊下卑"的等级差异，这为辱虐型领导的存在提供了可能（梁永奕等，2015）。领导力是领导者通过获得和动员员工的力量达成群体目标的社会影响过程，影响力是领导力最为本质的特征。由此可见，领导者作用的发挥在很大程度上取决于被领导者是否接受其领导或者影响，关注员工对于领导者的追随行为就显得尤为必要和重要。

（三）追随研究的兴起为领导效能研究提供了新的研究视角

Uhl-Bien 等认为，20 世纪的领导模式基本上是自上而下官僚范式的产物，这样的领导模式在工业经济时代是适用的和有效的，但对于知识经济时代来说却未必有效。不同于工业社会，随着知识和信息经济对工业经济的逐步替代，企业组织发生了巨大变化，比如，知识型员工的大量涌现，使命令式、管制式的领导风格逐渐失去效力（孙鸿飞等，2016；郭钟泽等，2016；江林，2002；蒋春燕、赵曙明，2001）。员工甚至掌握了比领导者更多的信息，员工不再被动和机械地接受上级的指挥和领导，他们对于组织成败所占的权重呈现持续上升之势。但是在实际的管理实践中，领导的作用被放大，普通员工的作用被很大程度地忽视了。对领导作用的过分夸大忽略了以下客观事实——"水能载舟，亦能覆舟"，企业组织每获得的一次成功和取得的一次成就，都好比在建设一幢高楼，高楼的建设不仅需要领导者精心设计整个架构，而且需要每一个员工的出谋划策、一砖一瓦的垒砌，每一个"小人物"的工作细节同样决定着企业发展的成败。领导决定组织成败的传统看法受到质疑，以 Kelly（1988）为代表的研究者开始重新反思领导者与追随者（员工）的角色作用，摒弃了追随者消极被动的角色定位，认为普通追随者也能够对领导者和组织产生很大的能动作用。DePree（1992）在一篇文章中甚至提出这样的言论："如果没有追随者的认同、追随和协助，领导者将一事无成。"Kellerman（2008）在其著作中，也明确指出"追随者群体正在创造变革并逐步改变领导者"，"组织中最终产生影响的很可能不是老板（领导者），而是普通员工，追随者对领导者的重要性要大于领导者对追随者的重要性"。

基于现实需要和理论需要，综合上述所分析的背景，本书发现目前研究主要存在如下三点不足：第一，缺乏对真实型领导、辱虐型领导与员工追随行为三者之间的关系，以及这一关系发生的中间机制的实证研究；第二，缺乏对真实型领导、辱虐型领导与领导效能的关系以及这一关系发生的中间机制的实证研究；第三，缺乏对真实型领导和辱虐型领导作用于员工追随行为边界条件的研究。同时，真实型领导是近年来领导理论研究的热点之一，真实型领导在管理实践中的积极意义得到了研究者越来越多的检验和认可。但是对于其结果变量的探讨多集中在员工创新行为和建言行为等方面的影响。员工追随行为与创新行为和建言行为等积极工作行为表现形式具有同样的重要性。因此，本书认为有必要考察真实型领导对员工追随行为的影响，以及这种影响中可能涉及的作用机制。为了弥补上述研究不足，本书将在中国文化背景下探讨真实型领导、辱虐型领导对员工追随行为和领导效能的影响及作用机制。具体来说，本书通过实证分析考察真实型领导、辱虐型领导对员工追随行为和领导效能的直接作用，并以领导认同作为领导风格与员工追随行为之间的中介变量、以追随行为作为领导风格与领导效能之间的中介变量、以权力距离导向作为领导风格与员工追随行为之间的调节变量，探讨领导行为发挥作用的内在机理，以期在管理实践领域可以为员工追随行为和领导效能的有效管理提供具有参考价值的理论框架和实务建议。

二、研究目的

本书的基本研究目的在于立足中国组织情境，尝试探索两种不同类型的领导风格（真实型领导和辱虐型领导）与员工追随行为和领导效能的关系；进一步地，本书引入员工对领导认同以及权力距离导向两个研究变量，深入探究这一关系背后的具体作用机理，以期为国内企业组织的管理实践提供一些启示和建议。总的来说，本书的研究目的主要体现在以下四个方面：

第一，在中国文化情境下验证真实型领导、辱虐型领导对员工追随行为和领导效能的具体影响。对真实型领导和辱虐型领导影响员工追随行为和领导效能的研究是本书的基础内容，是后续进一步研究作用机制和边界条件的基础前提。

第二，领导认同已经被证明是员工态度和行为的重要解释变量（严鸣等，2011），但是其对员工追随行为影响的实证研究仍然较为欠缺。本书以社会认同为理论基础，引入领导认同作为中介变量，考察其在真实型领导和辱虐型领导这两种领导风格与员工追随行为关系间所发挥的中介作用，以期通过具体中介作用机制的探讨，发现真实型领导和辱虐型领导这两种领导风格影响员工追随行为的具体作用路径。同时，本书还将考察员工追随行为在真实型领导、辱虐型领导与领导效能关系间所发挥的中介作用，以期探明真实型领导和辱虐型领导这两种领导风格影响领导效能的具体作用路径。

第三，本书引入员工的权力距离导向作为调节变量，在中国文化情境下，考察其在真实型领导和辱虐型领导这两种领导风格与员工追随行为关系间所起到的调节机制。领导者在组织中实际所能发挥的领导效果与每一个员工的个体特征是紧密相连的，因此本书从员工个体价值观特征的角度，引入权力距离导向这一研究变量。通过实证分析验证权力距离导向在真实型领导、辱虐型领导和员工追随行为关系间的调节效应，以期更好地诠释中国文化背景下真实型领导和辱虐型领导作用于员工追随行为的边界条件。更进一步地，考虑到权力距离导向也会影响真实型领导、辱虐型领导与员工对领导认同之间的关系，本书还将在调节效应验证结果的基础上进一步验证有调节的中介效应，以期能以较为深入详细地实证分析探明真实型领导和辱虐型领导对员工追随行为的复杂影响机制。

第四，在实践层面，通过以上实证分析与对研究结果的深入探讨，力求希望所得到的研究结论能够为中国文化背景下领导者有效管理员工的追随行为和提升领导效能提供具有参考价值的实务建议。

其中，真实型领导和辱虐型领导与员工追随行为关系间作用机制和边界条件的探究以及领导风格对领导效能作用机制的探究是本书的重点和难点内容。

三、研究意义

本书立足于中国文化情境，以企业全职员工为调查对象，深入地探讨真实型领导、辱虐型领导对员工追随行为的具体影响、影响机制和边界条件。除此之外，还将深入考察真实型领导、辱虐型领导对领导效能的影响关系和影响机制，具有一定的理论意义和实践指导意义。

就理论层面的意义来看，主要体现在以下三个方面：

第一，真实型领导和员工追随行为是组织行为学领域新兴的研究主题，这类话题的探讨在国内刚刚起步，处于研究的初级阶段，研究成果尚付阙如（孔芳、赵西萍，2010；杨红玲、彭坚，2015）。本书所获得的研究结果对真实型领导理论和追随行为的进一步发展都是一种有益的补充。

第二，本书的核心内容之一便是通过理论推演和实证检验分析真实型领导与员工追随行为的关系，考察领导认同的中介作用和权力距离导向的调节作用，建构真实型领导作用于员工追随行为的机理，构建领导风格作用于员工追随行为的研究模型，为后续的实证研究提供借鉴。

第三，近些年来，在组织行为学研究领域，研究者越发重视对中国本土化现象的探讨和研究。真实型领导理论起源并发展于西方，但是这种领导风格在中国文化背景下广泛存在。为迎合本土化研究的倡议，本书中关于真实型领导、辱虐型领导对员工追随行为和领导效能作用机制的探讨，对于研究的本土化有着重要的意义。

就实践层面的意义来看，主要体现在以下五个方面：

第一，本书通过理论研究与实证研究相结合的方法来研究组织管理实践中的现实问题，也就是考察真实型领导和辱虐型领导这两种领导风格对员工追随行为和领导效能的影响效应以及具体的作用机制（包括中介作用和调节作用），坚持问题意识，将实践中的问题模型化，这一研究是对于管理实践中现实问题的一种提炼。

第二，本书验证了员工追随行为在提升领导效能过程中所发挥的关键作用，发现了提升领导效能的又一重要途径，即领导效能的提升不仅可以通过领导特质、行为和风格的变化才能产生影响，还可以通过激发员工的追随行为来间接提升领导效能。这一研究成果的传播，有助于提醒公众和企业管理层重新审视员工追随行为的重要价值。

第三，提醒企业中的领导者时刻反思自己管理方式的适切性，注重加强自身的道德修养，通过提升人格魅力和自身的感召力而不是辱虐恐吓的方式来影响和塑造员工。此外，应该注意的是，领导风格的有效性与员工个体的文化价值观（权力距离导向）是密切相关的，避开员工在权力距离导向上的差异来谈领导者管理方式的适切性是没有意义的。

第四，本书发现了提高领导效能的又一条路径是激发员工的积极追随行为，而员工追随领导者的一个内在驱动力便是员工对于领导者产生的个人认同感，因此，领导者可以在增强员工的认同方面加强努力，以期争取到更多员工的认同和追随，此后，提升领导效能便是顺理成章之事。

第五，本书主张从普通员工的视角来考察真实型领导和辱虐型领导这两种领导风格的领导效能，即分析员工追随行为对提升真实型领导和辱虐型领导的领导效能的核心作用，这为管理实践中审视领导效能提供了一个比较新颖的视角。

第二节 相关概念界定

一、领导风格

领导风格一直是组织管理领域研究的重点，在影响员工行为的众多影响因素当中，领导者的风格历来被理论界和实践界视为一个重要方面。真实型领导是在众多积极领导风格中新发展起来的领导理论类型（韩翼、杨百寅，2009）。虽然研究起步较晚，但是其重要作用已经得到了研究者们的广泛推崇（孔芳、赵西萍，2010）。相反，与以往关注积极正面的领导风格相比，对于破坏型领导的探讨也逐步兴起（梁永奕等，2015；Harvey et al.，2007）。同时，鉴于研究内容的有限性和研究篇幅的局限性，本书将聚焦于真实型领导和辱虐型领导两种领导风格，希望在同一个研究框架中，同时纳入一正一反两种领导风格来探究它们对于员工追随行为，进而对领导效能的影响，以及具体的影响机制。

真实型领导（authentic leadership）是一种积极有效的领导风格，领导者在与员工互动过程中有着清晰的自我认识，与员工之间构建透明的人际关系，坚持做真实的自我，来促进领导者自身和员工实现共同发展（Leroy et al.，2015；罗瑾琏等，2013；Avolio，2007）。真实型领导包含自我意识、关系透明、内化道德和平衡加工四个维度。有效的领导者保持优秀的品质，清晰地认识自我和环境，从而能积极帮助员工发展，促进组织适应变化。这种高度的责任意识和利他精神相结合即为真实型领导。

辱虐型领导（abusive leadership）是破坏型领导风格的最常见的表现形式之一，是指员工知觉到的上级持续表现出的怀有敌意的言语及非言语行为，但不包括身体接触类行为（Tepper，2000；梁永奕等，2015）。这些行为具体表现为以下几个方面：在公开场合指责和讥讽员工、以粗鲁傲慢的态度对待员工、不兑现对员工许下的承诺、对员工的要求置之不理、对员工发泄怒气等。

二、追随行为

追随行为是指组织中的员工（也可以称为追随者）在与领导者互动过程中所表现出来的相对稳定的行为倾向和行为方式（赵慧军、席燕平，2014；赵慧军，2013）。参考周文杰等（2015）的研究，将追随行为分为尊敬学习行为、忠诚奉献行为、权威维护行为、意图领会行为、有效沟通行为和积极执行行为共六个维度（周文杰等，2015）。其中，尊敬学习行为描绘了领导者与员工之间师生般的关系，员工将领导者视为工作中的师长和楷模并虚心向其学习；忠诚奉献行为体现了员工对于领导者个人的忠诚，愿意遵从领导者命令、甘愿为集体利益放弃个人利益；权威维护行为是指员工在工作场合注意维护领导者的权威、面子和利益；意图领会行为是指员工能够完整并准确地接收来自领导者方面的信息；有效沟通行为是指员工积极主动地、自下而上地与领导者沟通工作进展以及工作中遇到的问题；积极执行行为是指员工竭尽全力完成领导者布置的任务并力求做到最好。

三、领导认同

社会认同理论认为认同是个体形成自我概念的重要过程，这个过程往往需要从与其他个体的关系定位中获得（严鸣等，2011）。员工对于领导者的认同是个体根据领导和员工关系身份对自我进行定义的一种状态，或是一种归属于领导者的知觉（李晔等，2015）。对于某些领导者而言，员工会将自己的信念、感觉和行为向领导者主动靠拢，认为自己身份与领导者是紧密联结在一起的，感知到在心理上与领导者的命运紧密相连，愿意与领导者共享成功与失败，从而形成对领导者的个人认同。这种对领导者的认同感一旦形成，员工便会表现出相应的态度和行为（封子奇等，2014）。

四、权力距离导向

Hofstede（1984）将权力距离定义为人们对社会中权力分配不平等的接受程度，这个定义定位在社会或者国家层面（Hofstede，1984）。然而大量研究者逐渐地在个体层面发现了这一价值观的适用性（Kirkman et al.，2006）。本书关注的是员工对于组织中权力分配所秉持的一贯态度，所以采纳了个体层面的权力距离导向（Power Distance Orientation，PDO）这一定义。权力距离导向是指个体对于组织中权力分配不平等的接受和容忍程度（Clugston et al.，2000）。

五、领导效能

对于"领导"一词的界定，不同的学者有不同的看法，与此类似，对于领导效能的界定也是因人而异，用于衡量领导效能的具体指标也不尽相同（张辉华，2012；王碧英、高日光，2014；叶龙、王蕊，2016）。领导效能最常用的衡量指标包括客观指标和主观指标，客观指标如利润、销售增长、市场份额、投资回报率和生产率等；主观指标包括从领导者的上级、同级和下级所获得的关于领导效能的评级，如满意度和离职率等。根据研究需要，本书选取员工的任务绩效、组织公民行为和情感承诺分别作为领导效能的绩效、行为和态度的衡量指标，以期能够全面地反映领导效能。其中，任务绩效通常是指正式的、岗位说明书上明确指出的与工作职责相关的行为，与正式奖酬系统直接相关，任务绩效等同于角色内绩效（王辉等，2003）。组织公民行为属于员工的角色外绩效，对员工任务绩效的提升起到促进作用。从概念界定上来看，组织公民行为是指那些未被企业组织正式的报偿制度所明确确认的，但是却对组织的整体利益有益的员工个人行为（李燕萍、涂乙冬，2012）。情感承诺代表了员工对于组织的情感态度，反映员工对组织的情感依附程度（徐燕、赵曙明，2011）。

第三节　研究方法

研究方法是研究主体为了从实践上和理论上把握研究课题而运用的各种思维及操作方法的总和。研究方法提供了在该学科领域内分析问题的视角、工具和分析框架，同时也是不同学科之间相互渗透和相互借鉴的桥梁。合适且正确的研究方法决定着一个研究问题能够获得有效的解答。本书始于现实问题并落脚于如何解决现实问题，在研究的整个过程中综合使用了定性分析和定量分析的研究方法。具体地，本书在对现有文献进行梳理和研究的基础上，对真实型领导、辱虐型领导、员工追随行为、领导认同、权力距离导向和领导效能六个关键研究变量之间的逻辑关系进行推理，提出本书的基本理论框架，并结合理论框架提出相应的研究假设。接着，再通过一系列具体的实证检验方法对所提假设进行验证。具体而言，本书使用了以下几种研究方法：

一、文献研究法

对于任何科学的研究来说，充分了解前人的已有研究，并站在前人的肩膀上进一步查漏补缺都是十分重要和必要的。文献研究法是在研究目的和研究内容的引导下，对相关文献进行深入和系统的分析研究，明晰国内国外已有的与研究主题相关的研究现状和进展，作为构建本书研究思路和具体内容的基础支撑。本书通过对 WOS（Web of Science）、JSTOR 等外文数据库和 CNKI、维普中文数据库，围绕真实型领导、辱虐型领导、员工追随行为、领导认同、权力距离导向和领导效能六个关键变量名称，对相关文献进行检索和阅读，系统总结关于这六个主要研究变量的研究现状，并归纳和分析已有研究的缺失和可能的进展空间，找到本书的研究切入点。经过反复推敲初步形成研究模型，并在听取相关专家意见的基础上对模型进行修正，最终提出了本书的概念模型和 15个具体的研究假设。

二、问卷调查法

本书在借鉴已有成熟测量量表和测量方式的基础上，主要采用实地问卷调查和在线网络问卷调查两种方式获取企业全职员工相关的测量信息。整个实地调研的过程分为两个阶段：第一个阶段进行小样本预测试，共发放问卷 150 份，有效回收问卷 110 份。参照已有研究中问卷修正的常用做法，本书采用"修正后的项总相关系数"（Corrected Item – Total Correction，CITC）这一指标来净化预测试问卷的测量项目，并利用内部一致性系数（α 系数）来检验测量问卷的信度，针对小样本预测试的结果及相关反馈信息对问卷进行修正最终得到正式的调查问卷。第二个阶段进行大样本数据收集和分析，采用方便采样的抽样方法，在国内十多个省份获得 827 份样本数据，经仔细筛查，剔除无效问卷 113 份，最终保留有效问卷 714 份。针对获取的大样本数据采用内部一致性系数（α 系数）来检验各量表的信度，运用验证性因子分析来检验各量表的聚合效度和区分效度。运用相关分析检验六个主要研究变量间的相关关系，运用多层次线性回归分析和路径分析等方法验证涉及直接效应、中介效应、调节效应和有调节的中介效应相关的研究假设。

三、统计分析法

在通过问卷调查获得可靠的问卷数据之后，统计分析是数据处理最基本也是最主要的方法。统计分析并非仅仅计算研究对象的特征的样本均值、方差等，更为重要的是研究变量之间的关系，从而验证研究所提假设是否得到支持，验证有关理论在新的情境条件下是否成立，进而可以针对深层原因，提出改变客观世界的策略（刘军，2008）。在问卷预测试阶段，本书采用了描述性统计分析法和项目分析法对收集到的 110 份有效样本数据进行初步分析，用以作为问卷测量题目的修订依据。在正式调查问卷分析阶段，首先，采用信度分析和验证性因子分析检验测量量表的信度和效度，以保证正式测量量表的可靠性和有效性；其次，通过描述性统计分析和相关分析对样本数据的分布情况和各个主要研究变量间的相关关系进行初步分析；最后，采用层级回归分析和路径分析等统计方法，借助 SPSS 22.0 和 AMOS 22.0 统计分析软件进行数据分析，用于检验本书所提出的研究假设是否得到样本数据的支持。

四、访谈法

访谈法是调查研究收集数据的一种重要方法，是通过面对面交谈或观察的方式来获取受访者信息的研究方法。访谈有助于验证研究的构想框架、获得他人对研究的看法、考察变量的设计和测量题项的语言描述是否合理等。具体到本书，一共进行了两轮访谈：第一轮访谈是在初步形成研究的概念模型之后，笔者对来自同煤集团、首都经济贸易大学和民生银行等企事业单位的数十位主管和员工进行了深度访谈，他们都具备丰富的工作经验，研究者就本书的概念模型和研究框架的合理性征询了他们的看法意见，以期本书所构建的研究模型更加符合客观实际。第二轮访谈是在预测试之后的测量问卷修订阶段，结合预测试分析结果，就问卷测量题项描述的准确性问题，与所在研究团队进行了面对面访谈，询问他们对问卷的每一个测量题项有无歧义，或者认为问卷设计方面是否有不妥之处。

第四节　研究思路与结构安排

一、研究思路

本书试图回答真实型领导、辱虐型领导、员工追随行为、领导认同、权力距离导向以及领导效能之间的逻辑关系，主要分为文献研究和实证研究两大部分。

在文献研究部分：一方面，本书立足于管理实践，从管理实践背景和理论背景两个方面入手，详细地论证了选题的重要性和必要性，通过借鉴国内外相关研究成果、梳理本书关键研究变量的研究现状，发现已有研究中可以进一步挖掘之处。另一方面，以已有文献的研究为基础，找到了真实型领导、辱虐型领导、员工追随行为、领导认同、权力距离导向与领导效能六个主要研究变量内在关系的实证证据和理论证据，并在此基础上提出了本书的概念模型和研究框架，进一步明确和细化本书的核心问题。在这一环节中，笔者通过与被访谈对象及所在研究团队成员的充分讨论，论证了本书所设计的概念模型和研究框架的可行性和合适性。

在实证研究部分：首先，以社会交换理论和社会认同理论为理论基础，进一步构建研究的理论模型，提出涉及直接效应、中介效应、调节效应以及有调节的中介效应共 15 个研究假设。其次，根据研究需要设计并反复推敲调查问卷，制定实证研究计划并严格遵照执行。问卷调查具体分为预测试和正式施测两个调查阶段，根据预测试对样本数据的分析结果以及部分被调查者提供的反馈意见，在征询两位组织行为学领域专家意见的前提下，对个别问卷题项的描述稍作调整，以使测量条目能够更好地反映所要测量的内容，最终形成了正式的"领导风格、员工追随行为和领导效能调查问卷"，用于进行大样本的数据采集。再次，在研究所用测量量表通过信度检验和效度检验的前提之下，本书采用描述性统计分析法、相关分析法、层级线性回归分析法以及路径分析法等多种具体的实证分析手段对所提出的研究假设进行科学的验证。最后，归纳总结实证研究结果和根据研究结果所得到的研究结论，指出本书独特的理论贡献以及在企业管理实践方面所能够起到的启示价值。囿于个人能力，本书尚有诸多不足和有待进一步深入研究之处，均在最后部分一一指出。

根据以上所整理研究思路，绘制了本书的技术路线，如图 1-1 所示。

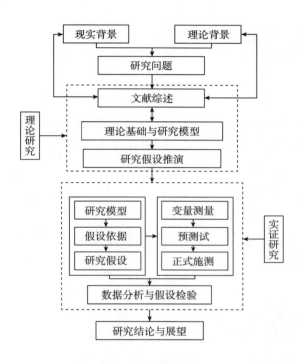

图 1-1　本书的技术路线

二、结构安排

基于上述小节所整理的研究思路，并参照已有权威实证研究的基本研究模式，将本书的内容合理分配到八个章节中（内容框架见图 1-2），每一个章节的具体内容介绍如下：

第一章，绪论。本章主要阐述研究的理论背景和现实背景，从理论和实践两个视角指出本书的意义所在；界定研究中涉及的核心概念，即真实型领导、辱虐型领导、追随行为、领导认同、权力距离导向和领导效能；介绍拟采用的研究方法；设计研究思路并安排文章结构；着重提炼了本书可能的创新点。

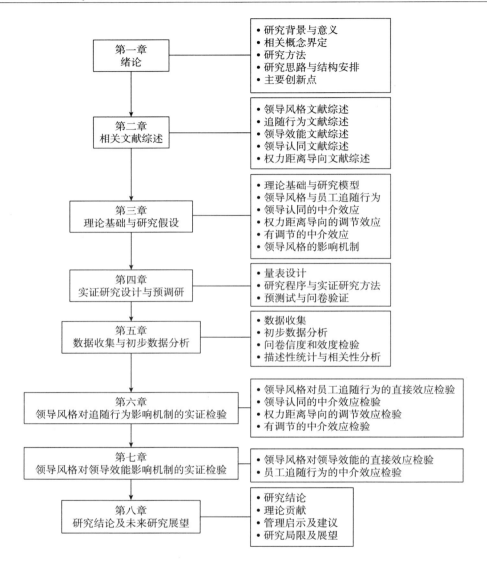

图 1-2　本书的内容框架

第二章，相关文献综述。本章对真实型领导、辱虐型领导、员工追随行为、领导认同、权力距离导向和领导效能六个核心研究变量，从内涵、测量与相关研究等方面进行了系统的文献回顾与述评。通过文献综述，总结已有研究的研究思路、研究现状、主要研究结论及尚有待探索的研究空间等，并以此作为本书的切入点。

第三章，理论基础与研究假设。本章的主要内容包括两大部分：第一部分阐述与本书相关的理论基础，详细介绍社会认同理论和社会交换理论的核心内容与研究应用情况；第二部分根据已有相关文献和理论基础对研究变量之间的关系进行逻辑推理，构建各个研究变量间的具体关系模型，形成研究框架，并分别从真实型领导、辱虐型领导对员工追随行为的直接影响及影响机制，真实型领导、辱虐型领导对领导效能的直接影响及影响机制两大方面提出研究的 15 个具体的研究假设。

第四章，实证研究设计与预调研。本章属于实证研究的设计阶段，主要包括两个方面的内容：一是确定合适的研究变量测量工具，结合本书的研究目的，制订严谨的实证研究计划，形成预测试调查问卷；二是针对预测试问卷进行小规模预测试，对预测试获得的样本数据进行项目分析和信度效度分析，并结合被调查人员的反馈意见，在征询两位组织行为学专家意见的基础上，审慎地对问卷的题项描述进行微调，形成正式的"领导风格、员工追随行为和领导效能调查问卷"，使之更符合中国企业的实际情况，为正式调研做好材料准备。

第五章，数据收集与初步数据分析。本章的核心内容分为两个部分：一是根据研究需求，结合研究目的选择被调查人员并大规模发放正式"领导风格、员工追随行为和领导效能调查问卷"。介绍大样本数据的收集过程，具体包括收集时间、抽样程序、被调查者的来源情况、数据回收总量及数据筛查过程等。二是对大样本数据进行初步的统计分析，包括问卷质量检验（缺失值处理、正态分布检验以及同源方法偏差检验）、信度和效度分析、描述性统计分析与相关性分析等内容。

第六章，领导风格对追随行为影响机制的实证检验。本章将主要验证：①真实型领导和辱虐型领导对员工追随行为的直接影响效应；②员工对领导认同在真实型领导、辱虐型领导和员工追随行为关系间所发挥的中介效应；③权力距离导向在真实型领导、辱虐型领导和员工追随行为关系间所发挥的调节效应，以及权力距离导向在真实型领导和辱虐型领导通过领导认同间接作用于员工追随行为过程中所发挥的调节效应。除了验证这些研究假设之外，还将对所得研究结果进行详细的讨论。

第七章，领导风格对领导效能影响机制的实证检验。本章将主要验证：①真实型领导和辱虐型领导对领导效能的直接影响效应；②员工追随行为在真实型领导、辱虐型领导和员工追随行为关系间所发挥的中介效应。除了验证这些研究假设之外，还将对所得研究结果进行详细的讨论。

第八章，研究结论及未来研究展望。本章主要包含四个方面的内容：一是结合第六章和第七章所得的实证研究结果总结出本书的结论，并对研究结论进行详细的解释；二是提炼所得研究结论在理论方面的贡献；三是将研究结论推广至管理实践当中，找到本书在企业实践中的管理启示意义；四是指出本书研究的局限以及未来进一步的研究展望。

第五节　主要创新点

本书沿着"真实型/辱虐型领导—员工与领导互动（员工追随行为）—真实型/辱虐型领导效能"的逻辑思路，对真实型领导、辱虐型领导作用于员工追随行为和领导效能的具体机制和作用的边界条件进行了深入的分析和探讨。相较于以往的实证研究文献，本书在以下四个方面进行了新的尝试：

一、首次构建真实型/辱虐型领导作用于追随行为和领导效能的研究模型

本书选取真实型领导和辱虐型领导分别作为积极型领导行为和破坏型领导行为典型代表变量，首次将"一正一反"的两种领导风格纳入同一个研究框架，考察这两种领导风格对员工追随行为和领导效能的影响作用，揭示真实型领导和辱虐型领导通过什么机制以及在什么情况下对员工追随行为和领导效能产生影响。现有的研究对于本书所涉及的研究变量的探讨大多是分散的和独立的，尚未发现有本书研究所构造的理论关系构型出现。因此本书不仅丰富了员工追随行为的前因变量研究，而且也扩充了真实型领导和辱虐型领导的结果变量研究。

为丰富真实型领导理论和辱虐型领导理论，学者们建议引入更多的结果变量考察这两种领导风格的作用效果，并探究发生这种作用效果的微观机理（Avolio，2007；Avolio et al.，2009）。为了回应学者们的这些号召，本书试图对已有研究做如下三个方面拓展：首先，拓展了结果变量的研究，引入员工追随行为和领导

效能两个结果变量，考察真实型领导和辱虐型领导对这两类结果变量的影响。其次，拓展了中介变量的研究，考察领导认同在真实型领导、辱虐型领导与员工追随行为关系间所发挥的中介作用以及员工追随行为在真实型领导、辱虐型领导与领导效能的关系间所发挥的中介作用。最后，拓展了调节变量的研究，考察权力距离导向在真实型领导、辱虐型领导与员工追随行为关系间所发挥的调节作用。

二、发现并验证了员工对领导认同和员工追随行为的重要中介机制

本书发现了领导认同和员工追随行为的中介效应，搭建了真实型领导、辱虐型领导与员工追随行为和领导效能研究的桥梁。尽管可以推测积极的领导风格（真实型领导）会对员工追随行为和领导效能产生积极的影响，消极的领导风格（辱虐型领导）会对员工追随行为和领导效能产生消极的影响，但仅将两者进行简单的逻辑推理是不够的，还应该深入地了解和研究这种影响背后所隐藏的作用机制。为此，一方面，本书基于社会认同理论，系统地分析了员工对领导认同在真实型领导、辱虐型领导及员工追随行为关系间所发挥的中介效应。指出真实型领导、辱虐型领导对员工追随行为的一部分影响是通过改变员工对领导的认同程度而逐步实现的，领导认同扮演着纽带角色。另一方面，本书试图以员工追随行为作为中介变量构建真实型领导、辱虐型领导与领导效能之间的潜在关系路径模式，指出真实型领导和辱虐型领导对领导效能的影响完全是通过员工追随行为的传递作用来实现的。对于以上中介机制的探讨揭示了真实型领导和辱虐型领导作用效果的现有解释机制，为有效激发员工追随行为、提升真实型领导和辱虐型领导的领导效能提供了新的研究思路和管理思路。

三、发现并验证了权力距离导向对员工追随行为的权变影响

真实型领导和辱虐型领导理论均起源并发展于西方文化，在西方文化背景下得到的研究结论在其他的文化背景下可能并不完全适用，同一领导风格的领导效果在很大程度上会受到文化差异的影响和制约（Farh et al.，2007）。本书在中国本土文化情境下，从员工个体文化价值观的视角探讨了权力距离导向在真实型领导、辱虐型领导与员工追随行为关系之间所发挥的调节作用，支持了真实型领导和辱虐型领导的"权变观"观点，即考察领导风格的作用效果不能忽视员工个体权力距离导向差异产生的影响。本书不仅丰富了真实型领导和辱虐型领导的相

关研究，还清晰地界定了这两种领导风格作用于员工追随行为的边界条件。

四、尝试验证有调节的中介效应模型

本书并不局限于单纯的中介作用和调节作用的探讨，还进一步构建了有调节的中介效应模型，试图探讨对于不同权力距离导向的员工而言，领导风格对员工追随行为的影响是否存在差异，以及这种影响是否会通过领导认同来发挥作用。研究结果表明，不同权力距离导向的员工对权力分配的敏感程度确实不同，使领导认同受到的影响不同，并最终体现为在员工追随行为上的影响也不同。综上所述，本书系统地分析了"真实型/辱虐型领导—领导认同—员工追随行为"这一中介过程的边界条件，结果发现，辱虐型领导的这种影响作用对于低权力距离导向的员工更为有效，而对于高权力距离导向的员工而言相对无效。首先，通过该研究，本书试图探究领导风格、领导认同和权力距离导向在影响员工追随行为过程中的不同作用，以期为更好地理解这些变量之间的关系做出一定的贡献。其次，这一发现厘清了辱虐型领导通过领导认同进而影响员工追随行为这一机制的边界条件。最后，由于整个中介机制是在社会认同理论的基础上推导而来，本书的结论也在一定程度上表明社会认同理论的应用是有适用条件的，对不同的个体所产生的影响作用可能会有所不同。

第二章　相关文献综述

李怀祖（2004）曾提到，任何一项研究工作都不可能是"前无古人"的。科学研究是众多研究者在前人研究的基础上不断累积知识的结果，牛顿曾经说过"如果说我看得比别人更远些，那是因为我站在巨人的肩膀上"。科学研究也是如此，要想在研究上更进一步，必须清晰和全面地了解相关研究主题的研究现状，因此，对已有相关文献进行综述便是研究过程中的一个必不可缺的环节（支运波，2015）。李怀祖（2004）将文献综述的作用概括为以下几点：第一，有助于避免盲目的重复研究，明确前人已经研究了什么；第二，有助于辨别本研究领域的研究前沿，弄清自己的研究在哪个侧面、哪个层次可能对本知识领域做出新的贡献；第三，厘清研究背景，有助于解释该项研究的价值和重要性，即"我们已经知道了什么，我们还不知道什么"；第四，帮助构思论证主题的理论框架、论证逻辑以及研究方法，即"根据什么提出新的视角和研究假设"；第五，弄清前人对于该研究问题所持的不同观点，帮助研究者提出新的解释视角或对原有理论进行发展补充。在文献综述这一章节，本书将涉及的六个关键研究变量的相关文献进行回顾和述评，六个关键研究变量分别是真实型领导、辱虐型领导、员工追随行为、领导认同、权力距离导向和领导效能。在具体操作上，将从内涵、测量和相关研究成果等方面进行回顾和述评，挖掘现有研究的不足之处，以作为本书的切入点。

第一节　真实型领导文献综述

一、真实型领导的内涵与特点

（一）真实型领导的内涵

能源巨鳄"安然公司"的砰然坍塌引发了学术界对领导伦理的深度思考，面对缺乏真诚的社会环境，企业和员工更加渴望一个诚实可信、表里如一、道德水准高的领导者和一种真实而积极的领导方式（何文心等，2019）。真实型领导便是在这种呼吁之下产生的一种新型领导方式。"真实型"这一原构念可以追溯到古希腊哲学关于"面对真实的自己"的哲学理念。真实型领导的概念是由Luthans 和 Avolio 于 2003 年在总结积极心理学和积极组织行为学的基础上提出的一种新型领导理论，是指一种把领导者的积极心理能力与高度发展的组织情境结合起来发挥作用的过程。真实型领导者诚实、正直、忠于自己、会和下属建立真实的关系，被看作其他所有积极型领导的"根源"构念（Avolio and Gardner，2005）。至此，组织行为学研究领域开始兴起了对于真实型领导的探讨，内容涵盖了真实型领导的方方面面，包括概念描述、内涵界定、结构测量、理论研究和实证研究等（Leroy et al.，2015；Hsiung，2012；Clapp-Smith et al.，2009；Walumbwa et al.，2011；Cooper et al.，2005）。

就真实型领导的概念界定来看，研究者基于个人研究兴趣，从不同的视角给出了不同的界定。归纳总结已有的文献成果，可以看出，研究者对真实型领导的界定存在明显的差异。按照研究视角的不同，可以分为真实型领导特质视角、真实型领导行为视角和真实型领导过程视角三个方面（Gardner et al.，2011）。其中，从特质视角来界定真实型领导的研究学者将关注的焦点集中在真实型领导者身上，归纳领导者个人所具备的有别于其他类型领导者的特质和特点；从行为视角来界定真实型领导的研究学者关注的是真实型领导者个人所表现出来的有别于其他类型领导者的领导行为；而从过程视角来界定真实型领导的研究学者关注的则是真实型领导者领导和管理员工的一系列动态过程。接下来，将分别从特质、行为和过程三个视角来归纳现有研究对于真实型领导的内涵界定。

1. 特质视角对于真实型领导的界定

"真实型领导者应该具备且有别于其他类型领导者的特质和特点"是从特质视角来界定真实型领导内涵的一种核心思路。从特质视角对真实型领导进行界定的代表性定义如表 2-1 所示。

表 2-1　特质视角对真实型领导的界定

学者（年份）	定义
Rome 和 Rome（1967）	在一个科层制的组织中，真实型领导的特质表现在以下五个方面：①善于处理自己管理职责范围内，不确定性强的紧急事务；②有能力做出负责任的选择；③能正确认识自己的错误；④对组织进行创造性的管理；⑤不仅为组织负责，还为组织外部的利益群体负责
Henderson 和 Hoy（1983）	真实型领导和非真实型领导在以下三个方面表现存在差异：①勇于承担个人或组织的责任的程度，这些责任包括行为、产出和错误等方面；②对下属错误的容忍程度；③扮演自身的管理角色。真实型领导在上述三个方面表现突出，而非真实型领导则在上述三个方面表现出低水平，如缺乏责任心、过度干预下属、自我意识过于突出等
Bhindi 和 Duignan（1997）	真实型领导有以下七个方面的特质：①能真实地反映自我；②为下属提供强有力的上级支持；③面向未来，善于与下属分享价值观和信息，能很好地整合现有的各种资源，最大限度地激励员工；④勇于对下属的职业发展承诺，一视同仁地对待每一个下属，愿意与其发展良好的人际关系；⑤重视下属的个人感情需求，极大地激发下属的愿望和需求；⑥对生活和工作持开放心态，符合全球化的趋势；⑦善于分权，鼓励组织中出现多元化的领导
George（2003）	真实型领导者应该具备以下四个特点：①有明确的工作目标；②致力于实现企业的长远、持续和健康发展；③竭尽全力满足多方利益相关者的利益诉求；④忠于自身价值观并以服务他人为导向
Avolio 等（2004）	不能依据领导者表现出来的行为类型来区分真实型领导者和非真实型领导者。真实型领导者具备多种特质，比如真实型领导者能够知己知彼，即对自身和他人的思想、行为和价值观等方面有清晰的认识。此外，自信、乐观、充满希望以及知行合一等特点也是真实型领导所应具备的。行为风格本身不是真实型领导和非真实型领导者本质的区分，真实型领导可以属于指导型、参与型和独裁型中的任意一种

学者（年份）	定义
Lord 和 Brown（2004）	真实型领导者具有识别下属优缺点的能力，并以直接、有效的方式帮助他们，如为下属安排合适的位置和工作，帮助他们完成任务。领导者对下属的自我认知也会产生间接影响，而这些影响会反作用于领导者的自我意识
Avolio 和 Gardner（2005）	真实型领导所指的"真实"，是指领导者自身拥有、了解和接受的自我内在的价值观、情感、信念和偏好，并以一种与这些想法相一致的方式行事
Shamir 和 Eilam（2005）	有无如下四个特点可作为区分真实型领导者与否的判断标准：①领导者角色在自我概念体系中占据的位置是否重要；②领导者的自我概念是否足够清晰；③领导者的外显行为和内在真实自我是否吻合；④领导者的工作目标与其内在价值观是否一致。不难看出这四个核心特点的本质在于真实型领导者是否"表里如一"，如果一个领导者按照真实的内心来表现自己，那么就可以称得上是一个真实型的领导者
谢衡晓（2007）	真实型领导者具备下属导向、循规蹈矩、领导特质、诚实不欺和正直无私五个方面的品质
George 等（2007）	真实型领导者致力于在自己与真实型下属之间构建真实、互信关系，并鼓励下属取得高绩效。真实型领导者遵循真实自我的感召，而不是为满足其他利益群体的期望行事，在对事情结果的考虑上，他们并不在乎自己是否能够取得职业上的成功，而是更多地考虑如何服务和发展他人
Whitehead（2009）	真实型领导者具备如下三个特点：①有清晰的自我意识，为人谦逊，不断坚持寻求进步；②通过营造组织内的道德氛围，在成员之间培养高度的信任关系；③能做出符合社会价值观框架的，以实现组织成功为目的的承诺，对组织成功有高度的承诺

2. 行为视角对于真实型领导的界定

行为观视角是从"真实型领导者表现出来的有别于其他类型领导者的行为"方面来界定真实型领导的内涵。从行为视角对真实型领导进行界定的代表性定义如表 2 - 2 所示。

3. 过程视角对于真实型领导的界定

持过程观视角的研究者与持特质观和行为观两种视角的研究者有所不同，他们认为领导是依赖于情境的，是一个动态的过程，因此不能够用特质和行为等相

表2-2　行为视角对真实型领导的界定

学者（年份）	定义
Begley（2004）	真实型领导是一种自我认知方式，有这种领导力的人会对其他人的状况非常敏感，并能高水平地理解其他人，以此让下属于自己的领导行为产生共鸣
魏丽萍等（2018）	真实型领导是一套关于领导者如何对待追随者、如何做出伦理决策以及如何使用信息的行为模式

对静止的视角来加以界定。从过程视角对真实型领导进行界定的代表性定义如表2-3所示。

表2-3　过程视角对真实型领导的界定

学者（年份）	定义
Luthans 和 Avolio（2003）	真实型领导指的是一个动态的过程，在这一过程当中，真实型领导者将自身积极的心理能力和行为表现与具体的工作情境结合起来，通过激发员工强烈的自我意识和积极的心理能力，达成领导者和员工双方共同发展的目的
Shamir 和 Eilam（2005）	要全面地界定真实型领导的内涵不能忽略领导者与员工之间互动关系的描述，否则对于真实型领导的界定就是片面的和不完整的。从这个角度来看，特质观和行为观两种视角的界定仅仅关注了真实型领导者本身的特点和行为，忽略了对于领导者和员工之间互动关系的描述。也由此可见，Shamir 和 Eilam 认为真实型领导作为一种领导过程，是领导者与员工互动以形成真实的相互关系的动态过程
George 等（2007）	真实型领导秉持自身信念、做真实的自己、与员工之间构建真实的信任关系
Ilies 等（2005）	真实型领导对自己的价值观和信念有深刻的认识，他们的工作重心是帮助下属提升自己的优点，拓展下属的视野并创造积极向上和努力工作的组织情境
Walumblwa 等（2008）	真实型领导是一个将领导者的积极心理能力和高度发展的组织环境结合起来发挥作用的过程，以促进领导者和追随者更强的自我意识和积极的自我调整行为，并推进积极的自我发展
韩翼和杨百寅（2009）	真实型领导是指一种把领导者的积极心理能力与高度发展的组织情境结合起来发挥作用的过程

　　本书认为正是在研究视角选取上的差异导致了学者对于真实型领导内涵界定上的不同。名词意义上的"领导"大多是指领导者，是在特定组织中具有一定

权力、地位、身份并承担相应职务的人。Howell 和 Costley（2003）认为，动词意义上的领导，是指为实现组织目标，领导者行使领导权力对员工施加影响力的行为过程，强调领导与被领导者之间的关系。就研究的便利性来看，动词意义上的"领导"（即领导过程）是动态的和抽象的，难以实现量化研究。具体到组织行为学研究领域，研究者对变革型领导和交易型领导等领导风格的研究，均是采用较易量化的特质视角或者行为视角来进行研究。类似地，过程视角对于真实型领导的界定往往出现在理论文献研究当中，剖析真实型领导产生影响效应的动态作用过程；而在具体的实证研究中，则更多采用特质观或者行为观的概念界定，探究真实型领导与其他研究变量之间的定量关系。

三种视角对于真实型领导的界定并没有本质上的冲突，只是研究不同的真实型领导侧面而已。杨洁等（2019）认为，领导从本质上看是领导者通过自身特质、领导风格和言行来影响团队和员工的过程。本书认为从特质观视角、行为观视角和过程观视角来界定真实型领导均是合理且可行的。具体到本书，将真实型领导界定为一种积极有效的领导风格，该类型领导者在与员工互动过程中，有着清晰的自我认识，与员工之间构建透明的人际关系，坚持做真实的自我，以达到促进领导者自身和员工实现共同发展（Leroy et al.，2015；罗瑾琏等，2013；Avolio，2007）。

（二）真实型领导的特点

Shamir 和 Eilam（2005）、韩翼和杨百寅（2009）认为真实型领导最关键的特征是，即使面临强大的外部压力或有引发非真实行为诱因存在时，他们仍能选择真实行为。因此，真实行为是领导者一种自我愿望的反应，而不是遵从某些社会规范或压力。当他们开始认知到自己的优点和缺点时，会展示出高水平的稳定性；这样的个体也会更加透明、开放并和同事保持亲密关系。他们的行动理论和宣称理论是一致的，并不受外部威胁、引诱、社会期望和报酬的驱动。真实型领导的特点具体体现在以下四个方面：

第一，真实型领导者并不是故作姿态地佯装真实型领导。真实型领导并不是因为占据了某个领导岗位而故意表现为领导，履行领导角色完全是真实型领导者的自我表达行为，他们在实施某种领导职能或相关活动时，完全是一种自我表现行为，而不是遵从他人或社会的期望。

第二，真实型领导者的信念高于荣誉。真实型领导者在担当领导的职责或从事领导活动时，不是为了追求地位、名誉或其他形式的个人回报，而是出于一种信念。真实型领导者拥有一种建立在价值观基础上的理想或使命感，他们是为了完成自己的理想或使命感而担当领导角色的。

第三，真实型领导者是原创者，而非拷贝者。真实型领导的形成具有独创性，而不是模仿他人。真实型领导者的价值观、信念、理想或使命在内容方面可能与其他领导者或追随者相似，但形成价值观、信念、理想或使命感的过程却是独特的，绝不是模仿而来的。他们根据自己的亲身体验形成了自己的价值观，他们信奉这些价值观是因为他们确信这些价值观是真实可信的，而不是因为这些价值观适合当时的社会或政治需要。

第四，真实型领导的行动建立在他们的价值观和信念的基础之上。真实型领导者能够做到言行一致、言行与信念相一致。真实型领导者是高度正直的人，他们的行动不是为了取悦他人、博取声望或达到某种个人政治利益所驱动的，他们的行动始终与其价值观或信念相一致。

二、真实型领导的维度和测量

（一）真实型领导的维度

Ilies 等在 2005 年发表于《领导力季刊》的一篇文章中提出，真实型领导包含四个核心维度，这四个维度分别是：自我意识、无偏见信息加工、真实行为和真实关系导向。从与自我之间的关系来看，这四个维度又可以分为认识自我和忠于自我两个范畴。自我意识维度属于领导者认识自我的范畴，而领导者忠于自我的范畴则包含其余三个维度，即无偏见加工、真实行为和真实关系导向。

Walumbwa 等（2008）经研究认为真实型领导是一个高阶的多维度的构念，他们以中国和美国两国员工为主要研究对象，对真实型领导进行了跨文化适用性的研究。研究结果再次验证了真实型领导是一个高阶多维度的构念，包含自我意识、平衡信息加工、关系透明和内化道德四个维度，这一划分方法得到了国内外学者们的普遍认同。

自我意识指的是一种反思的过程，它使领导者能够洞察各种内部特征（即价值观、优势、个性），包括对自身优点和缺点以及行为过程的客观认识，在工作中不断反省自身，表现出自信、不怕失败的特征。领导者内在价值观和来自于员工的评价可以作为领导者认识自我的内部和外部参照物。平衡信息加工是指真实型领导者为了避免自身主观看法对事物评价的扭曲和认识偏差，在处理信息的过程中，能够平衡而非带有偏见地收集信息，将自我服务意识排除在外，经常挑战自己根深蒂固的信念和价值观，以达到尽量客观地进行评价、处理信息和做出决策。关系透明是指真实型领导者在员工面前表现真实的自己，公开分享他们的内心感受和想法，坦露内在信念和价值观、不隐藏自己的真实情绪和情感，竭力与员工之间建立互相信任、透明的人际关系。内化道德是指真实型领导者根据自己的道德标准和内化道德观做出决策，而不是屈从于团队或社会压力，能够始终按照内在的道德标准和价值观行事。

（二）真实型领导的测量

随着对真实型领导研究的不断深入以及对真实型领导进行实证研究的需要，国内外的一些研究者结合自身研究所需，开发了真实型领导的测量工具。Walumbwa 等（2008）整合不同学者的观点，开发了一个包含四个维度的真实型领导测量问卷（Authentic Leadership Questionnaire，ALQ），这四个维度分别为自我意识（self – awareness）维度、关系透明（relational transparency）维度、内在道德（internalized moral perspective）维度和平衡信息加工（balanced processing）维度，共包含 16 个具体的测量条目（Walumbwa et al.，2008）。中国学者凌文辁等（2012）在其著作《建设性领导和破坏性领导》中，从中国本土企业中员工的角度出发，开发了包含五个维度的真实型领导测量量表，这五个维度分别是员工导向、循规蹈矩、领导特质、诚实不欺和正直无私，该测量量表具有较好的信度和效度（凌文辁等，2012）。在中国文化背景下，员工对于真实型领导的评估也正是从这五个方面出发的，即一个领导者要想被员工视作真实型领导，那么该领导者必须具备诚信和正直无私的道德品质，同时应该关爱员工，在遵循组织规则面前起到带头模范作用，在个人特质方面表现出领导风范。在现有的有关真实型领导的测量量表当中，受到研究者推崇的当属 Walumbwa 等（2008）开发的真实型领导测量量表（ALQ），该测量量表具有较高的信度、效度和跨文化适用性（Walumbwa et al.，2008；杨浩等，2016；梁巧转等，2016）。国内大部分实证研究（郭玮等，2012；韩翼、杨百寅，2011）均使用了该量表，并在研究中报告了良好的测量学指标。

三、真实型领导的影响效应及影响机制

作为一种刚刚受到研究重视的新兴领导风格，关于真实型领导的相关理论研究和实证研究成果较为稀缺，但是随着研究的逐步深入，对其探索也逐渐由最初的内涵界定和理论构建向实证研究等方面拓展。近年来的研究热点主要集中在对于真实型领导的影响结果及影响机制的探讨等方面。接下来，将分别介绍真实型领导的影响效应和影响机制。

（一）真实型领导的影响效应

真实型领导的影响效应研究按照影响对象的不同可以分为以下三种：真实型领导作为个体层面的变量对员工态度产生的影响、对员工工作行为所产生的影响，以及对团队/组织所产生的影响。

1. 真实型领导对员工态度的影响研究

真实型领导影响员工态度的研究多集中于心理资本、责任知觉、负面预期、员工内化动机、组织承诺、员工对领导满意度等。与 Avolio 等（2004）的研究结论类似，Clapp - Smith 等（2009）通过对一个服装零售店的实证研究表明，真实型领导能够有效提升员工心理资本，并最终提升员工的自我效能。中国学者韩翼和杨百寅（2011）同样通过实证研究发现，真实型领导与员工心理资本之间存在着显著的正相关关系。杨浩等（2016）从社会交换和情境交互的理论视角，验证了真实型领导对员工责任知觉存在显著的促进作用。刘生敏等（2016）将真实型领导作为团队层次的构念，提出并验证了团队层面真实型领导对团队抑制性建言和员工个体的抑制性建言存在显著的正向影响，并在这一过程中验证了员工负面预期所发挥的中介作用。林志扬和赵靖宇（2016）以自我决定理论为理论基础，通过实证检验得知，真实型领导显著正向影响员工的内化动机，并通过员工的内化动机提升员工的承担责任行为。Walumbwa 等（2008）经研究发现，真实型领导对于员工的组织承诺以及员工对领导者的满意度起到了十分重要的影响。

2. 真实型领导对员工工作行为的影响研究

对于真实型领导影响员工工作行为的研究，多集中于创新行为、创新绩效、员工创造力、组织公民行为、承担责任行为、建言行为和反馈寻求行为、知识共享行为等。韩翼和杨百寅（2011）通过对 297 份电力企业上下级配对调查数据的实证分析表明，真实型领导显著正向预测员工的创新行为。杨浩等（2016，2019）、Rego 等（2012）的研究同样发现，真实型领导显著正向影响员工创新绩效。秦伟平等（2016）以高新技术企业中 168 个研发团队及 1234 名员工为问卷调研的对象，通过一系列的实证分析，结果发现真实型领导作为团队层次的构念对员工创造力产生显著的正向影响。Walumbwa 等（2008）研究发现，真实型领导对于员工组织公民行为有着十分重要的影响。林志扬和赵靖宇（2016）提出真实型领导能够显著提升员工的承担责任行为，并且从自我决定的理论视角提出，这一影响是通过提升员工的内化动机来实现的。Hsiung（2012）以中国台湾地区一个房地产经纪公司的 70 个团队为研究对象，研究发现真实型领导显著正向预测员工的建言行为，并进一步发现员工的积极情感和领导-成员交换关系质量在这一关系中起到了中介作用。刘明霞和徐心吾（2019）对来自 39 家制造企业的 915 份员工数据进行实证分析，研究发现真实型领导能够显著促进员工的知识共享行为。

3. 真实型领导对团队/组织的影响研究

随着研究的不断深入，大量实证研究开始以团队或组织为分析单位探讨真实型领导对团队或组织产出所产生的影响。其中，受到较多关注的团队或组织产出变量包括反馈寻求行为、团队创造力和团队抑制性建言、组织氛围等。张燕红和廖建桥（2015）基于社会学习理论认为员工会观察、模仿并学习领导者的行为，真实型领导的四个核心维度均能够促进员工的反馈寻求行为。秦伟平等（2016）以高新技术企业中 168 个研发团队及 1234 名员工为问卷调研的对象，通过一系列的实证分析发现，真实型领导作为团队层级的构念对团队创造力产生显著的正向影响。刘生敏和廖建桥（2016）使用 114 位领导者和 631 位员工的配对调查问卷，从积极领导学的视角研究发现，危机情境下团队真实型领导对团队抑制性建言产生积极影响，并在这一过程中验证了团队负面预期所发挥的中介作用。魏丽萍等（2018）将真实型领导的研究拓展到群体层面，探讨真实型领导对真实型追随发挥影响力的效应机制，结果发现，真实型领导对支持性组织氛围有显著的正向预测作用，这说明了领导者的真实行为在塑造积极组织环境方面起到的重要作用。

总而言之，有关真实型领导影响效应的诸多实证研究均表明，真实型领导作为所有积极领导方式的"根源构念"，其所具备的真实性特质能够产生多种积极正面的影响和减少多种消极负面的影响。

（二）真实型领导的影响机制

在归纳前人研究的基础之上，借鉴王震等（2014）的研究，可从如下四个视角来分析真实型领导的核心作用机制，即积极组织行为学视角、社会学习视角、社会认同视角和社会交换视角。

1. 积极组织行为学视角

积极组织行为学理论聚焦于描述如何采取积极的方法和怎样发挥员工优势以提高组织的有效性。真实型领导概念本身是基于积极组织行为学提出的，也因此，积极组织行为学成为解释真实型领导为何能以及如何发挥作用的最重要的解释机制。真实型领导者在自我意识、关系透明、信息平衡处理和内化道德四个方面所表现出来的领导特质，能够促进员工积极的工作态度和工作行为（Avolio et al.，2004；林志扬、赵靖宇，2016）。Yammarino 等（2008）在其研究中，从多个分析层面指出，真实型领导一般先作用于积极的组织行为变量，然后再作用于员工层面、团队层面或者组织层面的结果产出（Yammarino et al.，2008；Hmieleski et al.，2012）。换言之，积极组织行为的相关构念是真实型领导作用于员工、团队和组织层面结果变量的重要传导机制。其中，员工层面的研究变量包括心理资本、内在动机、负面预期、幸福感和情绪智力等（Avolio et al.，2004；Ilies et al.，2005；林志扬、赵靖宇，2016）；团队层面的研究变量包括团队效能感、积极的团队心境、团队心智模式、团队士气、团队凝聚力、团队建言氛围和团队情绪智力等；组织层面的研究变量则包括集体效能感、组织使命愿景、组织使命以及工作特征等（罗瑾琏等，2013；郭玮等，2012；Wang et al.，2014；Jordan et al.，2013）。

2. 社会学习视角

社会学习理论是真实型领导影响员工态度和行为的主要机制之一。社会学习理论重视行为和环境的交互作用，特别是榜样的作用，认为榜样的个人特征、行为表现都将会影响到观察者的行为表现。员工会通过学习和模仿领导者的诸多方面来增强自身在这些方面的体验，比如学习和模仿领导者的工作方式和行为风格等（Bandura，1977）。在组织结构中，领导者通常处于核心位置，其具备的特质和表现出来的行为常常是员工关注的焦点。Ilies 等（2005）认为，真实型领导通过自身真实的行为表现，为员工树立了一个正直的榜样形象，通过角色示范效应，员工会将真实型领导者作为效仿的楷模。Hannah 等（2011）指出真实型领导表现出来的积极态度和行为对员工而言，具备极强的吸引力，他们的可信性、核心价值观和行为都会引起员工的积极追随和模仿。员工的追随和模仿有助于构建领导者与员工之间的积极人际关系，营造真实和谐的团队氛围，最终提高员工的工作产出和团队层面的结果产出（Hannah et al.，2011）。此外，社会学习理论的一个核心变量便是效能感，因此以真实型领导为自变量、以员工效能感或者团队效能感为中介变量的相关研究也体现了社会学习理论的作用机制（张凯丽等，2016）。宋萌等（2015）引入社会学习理论中的角色示范概念，从社会学习理论的视角验证了真实型领导作用于员工积极态度和行为的机制。

3. 社会认同视角

认同感的研究开始于20世纪50年代后期的社会心理学研究中，社会心理学家期望通过认同感来解释人们是如何对所属的群体和组织产生认同，以及认同感又会对人们的态度产生怎样的影响等问题。Avolio等（2004）研究认为，认同是真实型领导发挥作用的重要机制之一。社会认同理论提出，个体一旦形成对领导者的认同，便会受到领导者的影响而形成"自我概念"，会认识到作为与领导者共属同一群体的这一身份给他们带来情感和价值上的意义。会不由自主地将领导者的信念、价值观和行为标准内化为自己目标的一部分，并根据这些规范和标准进行自我提升和改进。因此，当员工对领导者产生了较高程度的认同时，倾向于在自己信念、价值观和行为上向领导者靠拢（Sluss and Ashforth，2007）。有研究表明真实型领导者的积极示范作用较大。Ilies等（2005）研究认为，真实型领导者具备的诸多积极品质和表现出来的诸多真实行为有助于赢得员工的信任和认同，员工将领导者视为组织的代理人，因此，员工对领导者的个人认同会进一步上升到对团队和组织的认同。现有的实证研究也支持了员工对领导者的个人认同在真实型领导影响一些结果变量中所起到的中介作用。秦伟平等（2016）认为真实型领导的自我意识维度能够让员工产生对领导者的个人认同，进而促使员工将领导者作为追随的标杆和榜样。

4. 社会交换视角

社会交换理论认为，人与人之间的互动从根本上来说是一种交换过程，人类社会的众多活动都以交换为基础，人们在社会中的关系也因为社会交换的存在而形成一种交换关系，人们会通过评估与互动对象之间的互动过程和情况来适当地调整自身的行为。Clapp - Smith等（2009）和Rego等（2012）在其研究中，均以社会交换理论为解释机制来考察真实型领导对员工产生积极影响效应的过程和机制。Ilies等（2005）认为，真实型领导者能够将真实的自己袒露在员工面前，则更容易与员工之间建立起积极的领导-成员交换关系，员工为了维护这种关系的持续，会在工作中表现出领导者期待的行为。同时，大量的实证研究已经表明，领导者与员工之间高质量的社会交换关系将对员工产出产生积极影响。基于社会交换理论，当领导者在工作中关心员工，在制定决策的过程中顾及员工的利益和诉求，员工的回报意识随之产生。基于互惠原则，员工会以积极的工作态度、良好的工作表现和高的工作绩效来回报领导者。秦伟平等（2016）经研究认为，真实型领导坚持以高的道德标准律己，不把个人喜恶作为将员工区分为"圈内人"或者"圈外人"的依据，因此，员工与真实型领导之间更容易发展起高质量的领导–成员交换关系，这种高质量的交换关系能够进一步激发员工的创造力。

与众多探索真实型领导影响结果变量过程中所包含的中介机制的研究相比，探讨调节机制的实证研究则相对缺乏（梁巧转等，2016）。宋萌等（2015）通过对来自10家企业的308份调查数据的实证分析表明，领导认同会调节真实型领导与领导者的角色示范之间的关系，相较于那些领导认同程度较低的员工而言，真实型领导的示范作用对于领导认同水平高的那些员工来说更强。林志扬和赵靖宇（2016）认为领导效能的取得与员工个体特质紧密相关，因此从自我决定理论的研究视角，提出人际敏感特质可能在真实型领导影响员工承担责任行为的过程中起到调节效应，并通过分析300名来自北京和深圳两地共五家企业员工的问卷调查数据，发现当员工的人际敏感特质越突出时，真实型领导对员工内化动机的正面积极影响越强，而当员工的人际敏感特质较弱时，真实型领导的领导效能便会相应降低。

第二节　辱虐型领导文献综述

一、破坏性领导文献综述

（一）破坏性领导的内涵

Kellerman（2004）指出，有关领导者与领导的研究传统存在着牢固的积极性偏差，这种偏差误导了我们对领导本质特征的正确认识，要理解领导本质必须从它的各种形式入手，促进好领导的有效途径之一是鼓励大家研究它、培育它和实践它。同样重要的途径之一是要鼓励大家探索、研究坏的领导，因为"我们从那些被认为是坏的领导者榜样身上学到的东西，与我们从如今数量少得多的优秀领导者榜样那里学到的东西同样多"（凌文辁等，2012）。

Einarsen 等（2007）从组织和下属两个角度对破坏性领导进行了定义，即领导者持续表现出来的侵害组织的正当利益的系统化行为。这些行为既包括侵害组织目标、妨碍组织任务达成、损害组织资源、降低组织效能的行为，也包括破坏下属的工作动机、降低下属的工作满意度和幸福感的行为等，最终损害了组织的合法权益。关于这一定义的具体情况，Einarsen 等进一步做了如下说明：

第一，从行为内容来看，破坏性领导包括指向组织的破坏性行为和指向下属的破坏性行为两种。破坏性领导行为既包括言语行为，也包括肢体行为；既包括直接行为，也包括间接行为；既包括主动行为，也包括被动行为，破坏性领导行为涵盖的行为内容十分广泛。第二，从行为发生的频率和系统性方面来看，破坏性领导的行为必须是反复性和系统性的。对于那些非典型性的不正当行为，并不在定义包含的范围之内，比如辱虐管理的定义中也强调必须是持续表现出来的攻击行为；工作欺凌的相关文献也指出，只有反复的和有规律的，并且会持续出现一段时间的行为才能称为欺凌行为。第三，从行为意图来看，破坏性领导行为不应该包含具体意图，而应该关注行为产生的结果，不管是"有意为之还是无意之举"，只要侵害下属和组织的行为都属于破坏性领导行为。第四，从行为的正当性上来看，破坏性领导侵犯了组织的正当利益。领导者的行为是否具有破坏性，唯一的参考标准是看行为是否侵害了组织的正当利益。

Padilla 等（2007）认为判断一个领导是破坏性领导还是建设性领导，主要是看其对组织长期的作用效果是否是消极的和负面的，该定义强调结果成分，突出了破坏性领导的影响结果而不是影响过程。关于这个定义的具体情况，笔者从以下五个方面进行了界定：

第一，破坏性领导并非完全是破坏性的，大多数领导行为的结果既有积极的一面，也有消极的一面。领导者、追随者和环境背景交互作用的结果分布在"破坏性结果—建设性结果"的连线上，破坏性领导虽然有时也产生积极的结果，但主要分布在负向结果一端。建设性领导有时也会产生消极的结果，但主要分布在建设性结果的一端。第二，破坏性领导采取的管理手段是控制、胁迫和操纵，而非劝说和承诺。Thomas（2003）同样通过与建设性领导概念的比较，认为破坏性领导坚信"控制"是管理的本质，对于一般员工的控制可以通过监督、恐吓等逼其就范，对于关键员工则不得不许以优厚待遇。破坏性领导靠镇压、森严的等级制度等政治手腕来建立和维系自己的统治。第三，破坏性领导有自私倾向。相对于成员需求和社会组织目标而言，破坏性领导更在乎自己的目的和目标，将个人利益凌驾于组织利益之上。第四，领导的破坏性后果在组织中也是显而易见的，对组织而言，会侵害组织的目标、资源和绩效，对员工而言，会侵害员工的工作动机、幸福感和满意度等。消极的组织结果是非正常的领导行为、易受感染的追随者和环境交互作用的结果。只有在追随者同意，或无法抗拒具有破坏性领导者的前提下，领导行为才会产生不良的组织结果，因而形成破坏性领导。第五，破坏性组织结果与敏感性下属和助纣为虐的环境是密切相关的。大多数破坏性领导的研究，是以领导者为中心的，下属和环境的作用未得到充分关注。

（二）破坏性领导相关理论

1. 毒性领导理论

Lipman-blume（2005）在其著作《毒性领导者的诱惑》（*The Allure of Toxic Leaders*）中从领导者和追随者之间相互作用的观点出发，总结出毒性领导产生的深层次原因，主要包含如下六点：第一，来自于人类无意识的心理需要。毒性领导的行为方式满足了人们诸如生理需要、安全需要、归属需要、尊重需要与自我实现需要等心理需求。第二，应对存在焦虑的需要。存在焦虑是指人们对生存意义的迷茫，对死亡产生的失望、恐惧和焦虑。毒性领导者宣称他们为人类生存找到了目标和意义，只要追随他们就会成为所谓"特选民"，由此，苦于生存焦虑的人们成为那些坚称能带来安全与意义的领导者的虔诚门徒。第三，应对不确定的、无序世界的威胁的需要。动荡无序的世界往往会使人们产生紧张和焦虑，许诺能带来有序、可测和可控的世界的领导者自然就极具吸引力。第四，个体与社会环境的相互作用催生了毒性领导者。在任何社会，都有主流价值观念，人们总希望努力达成为其文化规范所认可的成就以获得自尊，如果成就超越了规范，就会被视为英雄和领导者，相反，如果不能取得文化认可的成就的人，则可能选择追随有成就的领导者。第五，人类总是生活在未完成和无法完成的世界里，在任何领域，已知的知识随时都可能被后来者改写、修订。因此，能够迎接挑战、解决难题的个体自然成为人们欢呼拥戴的英雄、领袖。第六，人们总相信前面存在着无数的机会。因为相信未来还有无数的机会，便容易被领导者提出的一些崇高愿景所诱惑和鼓动。

2. "毒三角"理论

Padilla 等（2007）主张以系统的观点来研究破坏性领导的形成因素，认为破坏性领导的成因不仅应该考虑领导者个人因素，还应该考虑组织环境与下属的影响，提出了"毒三角"模型，该模型包含破坏性领导者、易受操纵的追随者和引导性环境三个要素，如图 2-1 所示。

图 2-1 Padilla 等（2007）的"毒三角"模型

破坏性领导者个体因素包括超凡魅力、权力欲望、狂妄自大、消极的生活经历和仇恨意识等。领导者的超凡魅力使他们能够吸引到很多狂热的追随者，产生破坏性后果，但需要注意的是，并非所有具有超凡魅力的领导者都是破坏性的。当领导者的权力欲望过强，他们只会关注个人利益而不惜牺牲他人和组织利益。狂妄自大的领导者往往过于沉醉于自身想法，喜欢受到关注但很少理会他人的观点和福利，经常要求拥有特权，要求他人不问是非地服从自己。通过对领导者早期生活经历的调查发现，一个曾经有过精神创伤和无力无助感童年时代的领导者更倾向于成长为破坏性领导者。如果一个领导者的成长过程缺乏关爱和尊重，那么在解释这个他们所面对的世界时，也无法融入关爱和尊重，与建设型领导者相比，破坏型领导者的说辞、愿景和世界观都包含了仇恨和不满。

易受操纵的追随者是破坏性领导产生的第二个诱因。是什么力量促使追随者经常接受，并且有时又会塑造出毒性领导者呢？Padilla等（2007）认为，追随者可以分为从众者和共谋者两类。其中，从众者因为畏惧领导而选择服从领导者，共谋者则积极地参与到破坏性领导者的行动中。这两类追随者都为个人利益所驱动，但他们的关注点有所不同：从众者希望最大限度地降低不合作带来的恶果，从众者的弱点是基于未满足的基本需要、消极的自我评价、心理的不成熟。共谋者则通过与破坏性领导结盟的方式来寻求个人利益，共谋者往往富于野心、自私并且与破坏性领导者共享世界观。

适宜的环境是破坏性领导者产生的情境引诱。环境的不稳定性、威胁感、文化价值观、相互制衡和制度化的缺乏容易滋生破坏性领导行为。当组织处于动荡期，面临环境极不稳定时，领导者通过提倡激进变革、重建秩序能够提高他们的权力和影响力。在不稳定环境中，领导者会被赋予更多的特权和权威性，因为环境的动荡性要求组织行动迅速和单边决策。当人们感受到强烈的威胁时，此时人们更加愿意接受武断的、强势的领导。Luthans等（1998）指出，"阴暗领导者"更有可能出现在不确定性规避强、集体主义和高权力距离的文化当中。健全的组织往往拥有完善的制度，并且形成了有力的抗衡机制以防止集权的出现；相反，当缺乏监督机制的时候，领导的破坏性更加普遍。

二、辱虐型领导的内涵

随着对有效领导理论的深入研究，研究者发现有效领导的对立面，即破坏性领导和有效领导一样存在。传统上，领导研究领域的研究者更关注和青睐那些有建设性的、有效的和成功的领导行为，很少关注破坏性的领导行为及其对组织可能产生的消极影响。

一开始，破坏性领导被认为是有效领导行为的阴暗面，如愿景型领导会因为领导者只顾及个人需要而蒙蔽下属，用过人的沟通能力和管理地位过分宣传自己的愿景，选择性地限制下属对其他信息的获取。魅力型领导者中也会有不道德的领导者，这种领导者从个人利益的角度选择道德标准，利用组织资源、权力、个人才能和对下属的深刻的影响达成个人目标。在变革型领导中也存在着一些伪变革型领导，通过误导和欺骗下属，用一些错误的逻辑假设引导下属，鼓励下属盲从于他的个人权威从而达成个人利益满足和自我权力的扩张。越来越多的破坏性领导行为被发现，人们意识到，这不仅是有效领导的阴暗面，而且是一种不容忽视的行为类型，由此，破坏性领导开始逐渐引起学者的关注和重视。在众多的破坏性领导行为当中，辱虐领导是最为典型的一种。

辱虐型领导的概念最早由美国学者 Tepper（2000）提出，并将其定义为"员工感觉到的领导者持续表现出来的怀有敌意的语言和非言语行为，其中不包括身体接触类的侵犯行为"。领导辱虐行为的具体表现形式有：在公开场合批评嘲讽与奚落员工、采用粗鲁无礼的语言和员工讲话、违背对员工做出的承诺、漠视员工利益以及羞辱和辱骂员工等。

领导者的辱虐行为有四个核心要点：其一，行为判断的主观性，领导者表现出来的行为是否称得上是辱虐行为完全取决于员工的主观判断，不同的员工对同一个领导者行为的感受和评价是有差异的，甚至同一个员工在不同的情境下对领导者行为是否是辱虐行为的判断也是不同的。比如，领导者在员工面前表现出来的冷嘲热讽行为，有些员工将该行为视作辱虐行为，而另一些员工的判断却截然不同，这一判断并无客观标准，而是取决于员工的主观心理感受。其二，行为的持续性和重复性，领导者的辱虐行为应该是持续和重复发生的，而不是一次偶然发生的事件。领导者偶尔的情绪爆发不应该算在辱虐行为之列。其三，行为的敌意性和非肢体接触性。员工感知到的领导者的辱虐行为是不友好的、带有敌意的，并且不包括那些与肢体接触有关的行为，比如冷嘲热讽和谩骂等属于辱虐行为的范畴，而有关肢体接触的行为，如体罚和殴打等行为则不属于辱虐行为的范畴。其四，辱虐行为只涉及实际的行为表现，不包括辱虐行为倾向。行为倾向具有隐蔽性，员工通常是很难感受到的。因此，领导者仅有辱虐的倾向而并未实际表现出来，则不能称之为辱虐行为。

在 Tepper（2000）提出辱虐型领导的概念之后，研究者就这一概念进行了补充和完善，并从不同的侧面去丰富和充实辱虐型领导的内涵（Harvey et al.，2007；Mitchell and Ambrose，2007；吴隆增等，2009）。Tepper 对辱虐型领导所下的定义，得到了后续理论研究和实证研究的广泛认可，本书对于辱虐型领导的界定也使用了该定义。

三、辱虐型领导的维度测量

Tepper（2000）最早开发了辱虐型领导的测量量表，该测量量表在后续的国内外研究中被广泛采用，并报告了良好的测量学指标。该测量量表包含单一维度，由15个测量条目组成，测量方式是让员工对领导者的辱虐行为作出主观评价。2007年，Mitchell和Ambrose对Tepper（2000）的辱虐型领导量表进行了探索性因子分析与验证性因子分析，结果发现，辱虐型领导量表的15个测量条目可以划分为两个在含义上可以进行区分的维度，即主动辱虐行为和被动辱虐行为。前者的表现形式有嘲笑、贬低和辱骂员工等，后者的表现形式有无视员工工作成果以及背弃对员工的承诺等。为了测量的简洁及研究的便利，Mitchell和Ambrose（2007）从主动辱虐行为和被动辱虐行为两个维度中提取五个因子载荷较高的测量条目形成简洁版辱虐型领导测量题项，即"我的主管常常嘲笑我""我的主管常说我的想法和感觉很愚蠢""我的主管经常在他人面前贬低我""我的主管常在他人那里说我的坏话""我的主管常告诉我能力不行"。本研究对于辱虐型领导的测量便采用了五个测量条目的简版量表。

四、辱虐型领导的影响效应及影响机制

自2000年西方首次提出"辱虐型领导"的概念以来，学者围绕辱虐型领导的影响后果与影响机制开展了大量的理论研究和实证研究。

（一）辱虐型领导的影响结果

领导的辱虐行为是一种持续性的极具破坏性的领导行为，有关辱虐型领导的相关文献研究发现，当领导者实施辱虐管理行为时，会给员工的心理、态度和行为等方面造成诸多的负面影响。

员工心理状态方面的变量主要包括生活满意度、心理痛苦、心理健康、心理压力、情绪衰竭和离职意愿等。Carlson等（2012）经研究认为员工需要消耗大量的资源来应对领导者的辱虐行为，使他们缺乏足够的资源来应对工作之外的事情，甚至会将工作中的负面情绪带到家庭，引发激烈的工作-家庭冲突，降低员工生活满意度。李育辉等（2016）以资源保存理论为切入点，验证了辱虐型领导对员工心理痛苦的正向预测作用。心理痛苦与心理健康密切相关，长久的心理痛苦会损害员工的心理健康。领导者的辱虐对待是员工工作中一种常见的压力源，

当外界对于资源的需求超过了员工可以承受的范围，心理压力便产生了（张剑等，2012）。Whitman 等（2014）研究认为辱虐型领导切断了员工从领导者方面获得支持的途径，会增加员工情绪耗竭的程度。

态度方面的变量包括犬儒主义、组织承诺以及对领导者信任等。刘得格和时勘（2015）基于社会交换理论和心理契约理论提出辱虐型领导会引致员工消极的态度，员工犬儒主义便是其中之一。Chiaburu 等（2013）在其一项元分析文献中也有类似的看法。Tepper（2007）认为在面对辱虐型领导时，员工内心会产生消极情绪，往往会通过降低组织承诺或者其他方式来发泄心中的消极情绪。Aryee等（2007）经研究发现辱虐型领导通过人际互动不公平来影响情感承诺，受到领导者辱虐对待的员工能够感知到不被尊重和信任。由于领导者是组织的代言人，领导者的言行某种程度上代表了组织对员工的态度，因而遭受领导者辱虐对待的员工会降低对组织的组织承诺。吴隆增等（2009）的实证研究表明，领导者的辱虐行为会降低员工对领导者的信任和认可程度。

行为方面的变量包括工作－家庭冲突、反生产行为、工作投入、工作绩效、周边绩效和团队绩效等。由于组织中权力分配的不对等性，领导者占据了比员工更多且宝贵的资源，为避免直接攻击领导者而招致领导者更为严厉的报复，受到领导者辱虐对待的员工更多地会采用一些较为隐蔽的方式来间接"报复"领导者。比如，做出一些反生产工作行为（An and Wang，2016；许勤等，2015；Zhu et al.，2015）和组织偏差行为（Mitchell and Ambrose，2007）等。李育辉等（2016）认为辱虐型领导是员工在工作中产生资源失衡的一个重要影响因素，受到领导者辱虐对待的员工会降低工作投入，以较低的工作绩效来回应领导者的不公正对待。Zellars 等（2003）经研究指出辱虐型领导会降低员工的组织公民行为。颜爱民和裴聪（2013）从资源保存理论的视角出发，提出并验证了辱虐型领导对员工任务绩效和周边绩效存在显著的负向影响。吴隆增等（2013）以来自中国 10 家制造型企业中的 95 个团队为研究对象，验证了辱虐型领导对团队绩效存在显著的负向影响。

（二）辱虐型领导的影响机制

辱虐型领导通过哪些路径和机制发挥作用？本书针对辱虐型领导的影响效果，根据相关实证研究的论证逻辑和使用的具体研究变量，将辱虐型领导的核心作用机制归纳为以下三种：

1. 社会交换视角

众多学者运用社会交换理论来解释辱虐型领导对员工产生的影响，或者是将社会交换理论同其他理论相结合的方式来探究辱虐型领导产生的影响。其理论基础是认为领导者与员工之间的关系是一种社会交换关系。Blau（1964）认为互惠原则是社会交换理论的首要原则，它强调人们应该尽量以相同的方式回报他人为我们所做的一切，概括起来就是一种行为应该用一种类似的行为来回报。具体到领导者和员工的关系之中，员工会通过评估领导者对自己的态度和行为表现来调整后续工作态度和行为。当领导者以和善的态度和方式对待员工，员工无形当中会受到回报义务的驱使，也通常会用更加积极的方式来面对领导者，以更饱满的工作热情和工作绩效来回报领导者，在工作中投入更多的精力和心血。反之，如果领导者对员工施以冷漠或者鄙夷之时，破坏了员工的某种心理感知，如公平、信任和组织承诺等，作为回报，员工也会以更低的交换标准应对领导者的辱虐对待，表现出消极的工作态度和行为。

赵红丹和夏青（2016）针对本土高新技术企业的253个样本，从社会交换的视角研究了破坏性领导与研发人员知识藏匿行为。根据互惠规范，人们应该以同样的方式对待别人，不应该伤害那些曾经帮助过自己的人，但是对于那些曾经伤害自己的人，则可以采用类似的行为予以反击。研究结果发现，破坏性领导对高新技术企业研发人员知识藏匿行为具有显著的正向影响，消极互惠规范对破坏性领导与高新技术企业研发人员知识藏匿行为之间的关系具有显著的正向调节作用。吴梦颖和彭正龙（2018）从社会交换的角度来解释破坏性领导和强制性组织公民行为的关系，认为当员工自愿进行组织公民行为时，有可能是为了回报和支持领导行为，这种带有目的性的组织公民行为与领导行为息息相关，因此，一旦领导行为与员工情感或利益产生冲突，就会导致员工迫于压力而形成强制性组织公民行为。

2. 资源保存视角

资源保存理论关注资源的损失和收益，认为人们总是会努力获得、保留和维持他们认为有价值的资源（Hobfoll，2001），这些有价值的资源是丰富多样且可以互相代替的，包括工作控制权与决定权、工作自主性和回报、报酬和时间等，也可能是与人格有关的自我效能感和自尊等。资源的流失会给个体带来不好的体验，而个体为了避免资源的再次流失会采取措施保存资源。基于资源保存理论，李育辉等（2016）认为，组织中员工产生的一系列消极行为（如职业倦怠、消极怠工等行为）是由个体"投入-产出"的不平衡所引起的，即员工工作是一个资源损耗的过程，而如果得不到相应的资源支持，就会造成员工感知的资源失衡，这种资源剥夺感会造成员工消极应对工作。当领导者在员工面前表现出辱虐行为，如公开批评嘲弄员工、对待员工在语言上粗鲁无礼、不履行对下属的承诺、漠视下属利益等，这些辱虐行为会让员工感觉到自己无法从领导者那里获得相应的资源和支持，面临着工作资源减少的威胁。同时，员工在与辱虐型领导相处时需要花费更多的时间和精力，在辱虐型领导者身上花费的时间和精力也是资源投入。当工作要求超过了员工所拥有的资源或者员工的投入并未得到预期的回报时，资源失衡让员工产生了剥夺感，为了恢复到新的平衡状态，受到领导者辱虐对待的员工会在工作中表现得更加消极。

颜爱民和裴聪（2013）认为工作本身是员工消耗资源的过程，若能够从领导者或者其他方面得到一些资源支持和弥补，员工的资源损失感会相应降低，而当员工面对辱虐型的领导时，工作本身消耗的资源不但没有从其他方面得到有效弥补，反而需要付出更多的显性或者隐性资源来消化和应对辱虐型领导者的辱虐行为，产生更加严重的资源失衡感，这种失衡感会造成员工在工作中表现出消极的态度和行为。席猛等（2015）指出为了保持个体的生理与心理状态的均衡，个体会根据不同的情境有选择性地使用资源获取策略或是采用资源保存策略，其中资源获取策略是指个体从自身之外的地方寻求资源，资源保存策略是指个体保护现有资源不受损害。基于以上观点，席猛等（2015）解释了辱虐型领导如何影响员工的沉默行为，以及组织文化、工作复杂性和自我意识这三个不同层面的变量在辱虐型领导与员工沉默行为关系间所发挥的边界作用，丰富了辱虐型领导及其结果变量的理论解释视角。

3. 社会认知视角

社会认知理论强调了个体对环境的反应是受到自身认知因素所影响的，这对于解释个人、环境及行为之间的交互关系起到了很重要的作用。基于社会认知理论考察辱虐型领导作用机制的研究者认为，正是员工在认知上存在差异性，才会出现对同一领导辱虐行为判断上的差异性。员工会依据领导者对待自己的方式来自行评估自己对工作而言和对领导者而言的重要程度。如果感受到领导者的辱虐对待，员工会对自身在工作中的价值、工作对于自身的价值以及对领导者本人产生负面评价，这种负面评价会进一步导致员工产生负面的情绪、态度和行为。

社会认知理论指出，外部环境、个体与个体行为之间存在着动态联系，人们努力在这三者之间找到一种平衡，当三者出现不平衡或者不协调时，个体便会产生心理上的压力。为了释放不平衡或不协调产生的心理压力，个体会调整内在认知或通过实施外部行为来重新达到新的平衡。马吟秋等（2017）认为从社会认知理论的角度来看，当员工感知到领导者的辱虐对待时，会感知到自己遭受不公正对待，感到愤怒和背叛，进而会影响到员工的心理认知，导致员工认知结构失衡，心理契约随之破裂。同样地，当员工受到领导者的辱虐对待时，会感受到压力，为了平衡或释放这种压力，员工会对外实施一定的报复行为或反生产行为。吴梦颖和彭正龙（2018）认为当领导产生不正当或破坏性行为时，员工会明显感觉到不合理的对待，从而导致对领导的信任感降低，产生不满情绪。陈楠和李方君（2017）归纳了辱虐型领导的影响机制，从社会认知的视角来看，辱虐型领导是个体对外界信息进行学习和解读从而形成认知和指导自身行为的结果。社会学习理论是其中的一个重要解释机制。根据 Bandura（1977）的社会学习理论，观察和模仿他人是学习的一个重要途径，基于这一理论，Mawritz 等（2012）经研究指出经理层的辱虐行为会导致主管层辱虐行为的增加，进而增加主管层所在团队中员工的人际偏差行为。

第三节　追随行为文献综述

一、追随歧视的缘起与反思

追随他人是个体在群体生活中存在的一种十分普遍的行为方式，客观地与领导同生共存于人类的生活实践当中。但遗憾的是，追随者从未得到与领导者同样的重视，追随者这一角色极大地被忽视了。为什么作为一枚硬币的两面，大众的看法反差却如此之大？许晟（2014）在其著作《追随力对领导效能的作用机理研究》中提炼了两点原因：其一，思维定式与偏见。"我们生活在一个崇尚领导力而不喜欢追随力的社会，虽然追随力和领导力这两者是密不可分的，但我们不以追随为荣，我们蔑视地称追随者为弱者。"（Chaleff，2004）人们更多地向往成为领导他人的角色，而不愿意被看作追随者，认为追随者是弱小的和被动的。其二，领导者的作用被夸大。"领导是决定组织生存命运的关键角色，他将自己的价值观、意志传播给组织，并主导着企业发展的航程。"（Hunt，2004）毋庸置疑，领导者的意志和角色对组织的发展至关重要，这种重要作用被过分夸大和广泛传播，以至于人们忽视了追随者群体的基础力量（许晟，2014）。

Uhl - Bien 等（2014）认为，20 世纪的领导模式基本上是自上而下官僚范式的产物，这样的领导模式在工业经济时代是适用的和有效的，但对于知识经济时代来说却未必有效。不同于工业社会，随着知识和信息经济对工业经济的逐步替代，企业组织发生了巨大变化，比如，知识型员工的大量涌现，使命令式、管制式的领导风格逐渐失去效力（孙鸿飞等，2016；郭钟泽等，2016；江林，2002；蒋春燕、赵曙明，2001）。员工甚至掌握了比领导者更多的信息，员工不再被动和机械地接受上级的指挥和领导，他们对于组织成败所占的权重呈现持续上升之势，这对领导者提出了前所未有的挑战，领导者单凭一己的力量难以应对快速变化的组织的需求，普通员工的重要性开始凸显。但是在实际的管理实践中，领导的作用被放大，普通员工的作用被很大程度地忽视了。对领导作用的过分夸大忽略了以下客观事实——"水能载舟，亦能覆舟"，企业组织每获得的一次成功和取得的一次成就，都类似在建设一幢高楼，高楼的建设不仅需要领导者精心设计整个架构，而且需要每一个员工的出谋划策，一砖一瓦的垒砌，每一个"小人物"的工作细节同样决定着企业发展的成败。领导决定组织成败的传统看法受到质疑，以 Kelly（1988）为代表的研究者开始重新反思领导者与追随者（员工）的角色作用，摒弃了追随者消极被动的角色定位，认为普通追随者也能够对领导者和组织产生很大的能动作用。DePree（1992）在一篇文章中，甚至提出这样的言论："如果没有追随者的认同、追随和协助，领导者将一事无成。"Kellerman（2008）在其著作中，也明确指出"追随者群体正在创造变革并逐步改变领导者"，"组织中最终产生影响的很可能不是老板（领导者），而是普通员工，追随者对领导者的重要性要大于领导者对追随者的重要性"。

二、追随动机

徐红丹和曹元坤（2015）认为追随动机包含追随和动机两个概念，将这两个概念结合起来，得到追随动机的定义，即追随动机引起和维持个体以领导者为指向，为满足自身需求或受外在因素影响而产生追随行为的心理过程，其性质和强度决定了追随行为的风格和效果。Kellerman（2008）认为个体追随领导的根本原因在于利己主义，追随是为了获取个体层面或群体层面的利益。追随动机的来源可以分为如下四类：

（一）源于个体需求

个体需求既包括物质需求也包括精神需求。Kelley（1988）提出追随动机一方面来源于满足感，通过流程再造、产品改良、服务提升或者帮助个人成长来获取；另一方面来源于事业心，希望赢得上级和同事的信任以得到工作上的晋升。有研究者认为自由带来的选择和不确定性令人感到焦虑和无助，人们总是希望有权威给予他们命令和指示，以降低这种焦虑感和无助感，由此产生了领导者追随。Shamir（2004）提出追随者会基于安全需求或利益交换来追随领导者。Padilla 等（2007）在对破坏性领导进行研究时也发现，易受操纵的追随者具有较低的成熟度和未满足的需要，领导者为这些追随者提供了归属感，因此他们愿意追随领导者。Lipman - Blumen（2006）认为追随者为了逃避焦虑感和对环境的恐惧，甚至会追随破坏型领导者，以寻求保护并获得安全感。

（二）源于领导魅力

研究者在考察下属对上级的偏好中发现了"相似相吸"的现象（Ehrhart and Klein，2001）。当追随者与领导者有着共同的自我概念、情感附着时，更容易产生追随。当追随者和领导者彼此融洽时，他们会共事得更好，而一致的价值观念会达成共同性。领导者通过把他们的价值观、认同、情感和目标有效复制给他们的追随者，可以增加下属产生真正追随力的可能性（Gardner 等，2005），这是因为当个体与领导者具有相同或相似的价值观时，个体为了提升自我感知的能力、潜力和自尊而追随领导者；或者在另一种情形下，个体害怕混乱，当感知到领导者能够解释混乱现象，提供其生存意义时，便会选择追随。传统的"路径 - 目标"理论也认为追随动机的产生依赖于追随者和领导者的关系，当追随者和领导者人格特质比较匹配时，就容易产生追随（王顼，2010）。Kelley（1992）提出的学徒型和导生型追随者把领导者当成榜样，强调领导对个体的正面影响，其动机也是源自领导魅力。

（三）源于权威服从

服从是主体在特定的社会情境中通过对客体提供的社会信息的概括、判断和推理，为寻求奖赏或免受惩罚而产生的与客体一致的行为或态度（宋官东等，2008）。人之所以会选择服从，就是为了免受惩罚或通过服从来寻求奖赏。斯坦福监狱实验模拟了服从的产生过程，在一定程度上解释了个体服从权威的天性。中国社会有着十分浓厚的儒家文化传统，更加关注等级观念和上下级不对等关系，即领导者认为角色与义务并不是对等的，领导者可以对下属施加影响而不受角色规范的约束，但下级却应该无条件和无批判地尊敬、信任和服从领导者。

（四）源于环境适应

进化心理学家认为，个体并不能自主选择领导或追随，然后去适应相应的角色，做出符合角色的行为。相反，这些行为是由个体在啄序等级中所处的位置决定的，也即"自然法则"决定个体支配或服从。那些能够获取更多资源的个体处在啄序等级的上端；相应地，获取更少资源的个体处在啄序等级的下端。处在等级上端的人成为领导者，处在等级下端的人成为追随者。追随者只能通过与领导者的合作而求得保护并获取资源，他们除了追随领导者之外别无选择。在组织不稳定时期，员工更易感受到来自很多方面的威胁，比如失去工作、安全和地位等，在这样的情况下，员工更愿意去追随那些坚定而自信的领导者。

三、追随、追随者、追随力的内涵

（一）追随

追随是组织中个体很普遍的一种行为方式，"追随"一词出自《后汉书·党锢传·夏馥》，解释为成为某人的属下帮那人做事，有跟随之意。"领导"和"领导者"这对概念的出现，必然对应着"被领导"（追随）和"被领导者"（追随者）这对概念，它们是相伴出现的。组织行为学领域有关"领导"和"领导者"的概念的文献探讨已经汗牛充栋，而对于"追随"和"追随者"的界定尚不多见。周文杰等（2015）认为追随指的是一种行动模式，是指个体根据他人的指令行事。具体到本书研究当中，领导和追随指的是组织当中领导者与员工之间的领导和追随关系。

在组织行为学领域内，追随的特点体现在以下几个方面：第一，追随是追随者与领导者共享同一目标的行为，追随者之所以追随领导者的根本原因是利益驱动。追随者为了实现个人利益诉求需要追随那些有资源或能力的领导者。第二，追随是追随者以领导者工作为中心的行为，赵慧军和席燕平（2015）指出追随行为是指向领导者的工作行为，那些与同事之间的人际行为不包含在追随行为之内。周文杰（2015）将追随行为分为尊敬学习行为、忠诚奉献行为、权威维护行为、意图领会行为、有效沟通和积极执行行为六个维度，由此可见，追随是追随者以领导者工作为中心的行为。第三，追随是一种人际导向的互动行为，有学者指出，追随是"追随者自愿或无意识地接受领导者影响力的过程"，这一过程构建了领导者和追随者之间的人际关系。第四，追随是追随者的能动行为，这一能动性体现在选择什么样的领导作为追随对象以及在与领导者互动的过程中表现出什么样的追随行为等。

（二）追随者

追随者的概念与领导者相对应，类似于领导者在不同的学科和生活实践当中有不同的界定，追随者也是如此，不同学科对于追随者的理解存在很大差异。在政治学研究领域，对追随者有着宽泛的界定，一些领袖人物有着超越国别、民族和时空限制的追随者（Kellerman，2008）。在管理学领域，对于追随者的界定有明确的界限区分，多聚焦于组织内部，指的是员工与领导者之间的关系。一些学者根据职位等级的高低来界定追随者，即认为那些处于较低职位等级的个体是处于较高职位等级个体的追随者，追随者在权力、权威和影响力等诸多方面处于劣势地位（Uhl - Bien et al.，2014），领导者和追随者类似于组织中的上下级关系。然而，一些研究者认为追随不一定是处于较低职位的个体对较高职位个体的追随，随着组织内外部环境的变化，以及知识经济及知识员工的出现，处于较高职位的个体甚至需要向处于较低职位的个体来学习。在这种情况下，处于较低职位的个体甚至在某种意义上成为"领导者"，"领导者"和"追随者"这对概念不再对应于传统意义上职位等级的高低。

近年来，Collinson（2006）、DeRue 和 Ashford（2010）在文献中提出，领导者和追随者之间领导-追随关系的形成是由双方之间社会互动的需要来决定的，而并不是由固有的职位等级关系决定。有研究者指出是否愿意接纳组织中他人的指导和命令是区分追随者和非追随者的本质特点，而不需要考虑正式的职权关系。由此，追随者可以被界定为"那些愿意并且有能力跟随、支持领导者或群体并据此行动的组织成员"，追随者不仅可以是那些处在基层的普通员工，还可以是处在管理层级的管理者。具体到本书，为了操作的方便和研究实施的可行性，将追随者界定为组织中接受他人工作指导的员工。

"追随者"和"下属"这两个概念是否有必要予以区分，现有研究中存在着两类相对立的观点，一部分学者认为追随者就是下属，这两个概念可以交换使用。在以往的研究中，学者往往根据人们所处的职位等级来界定领导者和追随者，即追随者是那些处于从属地位的人，他们缺少上级所具有的权力、权威和影响力。这一定义将追随者等同于上下级关系中的下属或下级，也得到了一些研究者的认可和接纳。与之相反的是，另一部分学者认为追随者和下属之间有着显著的差异，不应该简单地等同起来。例如，Chaleff（1995）认为追随者与下属并不是同义词。在他看来，追随者全身心地投入组织愿景和战略目标的实现中，而下属则意味着一种听命于直接上级的、机械式的、不完全的投入。对于两者的差异，原涛和凌文辁（2010）从词义辨析的角度给出了说明。他们指出"追随者"和"下属"二词存在不同的对应概念。下属的对应概念是上级或者主管，而追随者的对应概念则是领导者。追随者和下属之间的根本区别在于顺从的来源不同。对于下属而言，他们顺从的是组织中正式的职位权力；对于追随者而言，他们则会对领导者进行判断，是否追随的决策完全是追随者自己有权作出的决策。换言之，成为上司的下属并不一定意味着成为领导者的追随者。在组织中，职级体系中的上下级关系本质上是职位与职位之间的关系，而领导者与追随者之间的关系本质上则是人与人之间的关系。

（三）追随力

在现有的追随相关的研究中，追随力无疑是一个核心的研究概念。目前，学者关于追随力主要存在着几种截然不同的理解。一是能力观，即将追随力界定为追随者有效地追随领导者的能力，包括执行指令、积极响应、全力支持等（Bjugstad et al.，2006）。按照这一理解，如果一位员工追随力较强，就意味着他具有更强的能力来追随领导者。二是行为观，即将追随力等同为追随者表现出来的一系列行为，如忠诚奉献、有效沟通、主动承担责任等具体行为。需要指出的是，从行为观的角度出发来理解追随力并不包括所有可能的追随行为，而事实上仍然只是那些更能够取得较好效果的追随行为。三是过程观，即认为追随力是一个追随者与领导者及所处环境不断互动、社会建构的过程（Carsten et al.，2010）。

四、追随行为的内涵与特点

（一）追随行为的内涵

组织行为学科对于领导话题的研究从最初的领导特质视角、领导行为视角、领导权变视角，再到近期的领导风格视角等，已经取得了丰硕的研究成果。追随和领导具有相伴共生的关系，总结现有文献不难发现，学者对追随的研究也基本遵循了领导研究的基本研究模式，可以分为特质视角和行为视角，但是因为对追随话题的探讨起步晚，成果少，所以权变视角或者关系视角的研究尚不多见。

追随本质上是员工接受领导者的影响并追随领导者的动态过程，然而，过程往往具有抽象性，不便于进行实证研究。在组织行为学研究领域中，考察个体或团队表现出的具体行为是一种较为普遍的研究视角，这一点在有关领导话题研究中体现得尤为突出。类似地，学者对于追随的研究也有相当一部分聚焦在对追随行为的探讨之上（陶厚永等，2014）。Carsten 等（2010）在文献中提出，追随行为是指员工在与领导者进行互动的过程中所表现出来的一系列行为，而这些行为并不包括员工单独的工作活动以及员工与其他同事之间的行为互动。赵慧军（2013）、赵慧军和席燕平（2015）将追随行为界定为员工在与领导者互动过程中所表现出来的相对稳定的行为倾向或者行为方式。这一概念突出强调了追随行为的范围和表现形式，就行为范畴来看，与 Carsten 等（2010）的界定类似，只有那些与领导者互动而表现出来的行为才属于追随行为，而不包括其他；就表现形式来看，追随行为可以是行为倾向或者是实际表现出来的行为方式。

对于追随行为的结构，不同的学者有不同的研究结论。赵慧军和席燕平（2015）在赵慧军（2013）文献研究的基础上，提出追随行为包含四个维度，这四个维度分别是沟通合作行为、贯彻执行行为、挑战权威行为和服从信赖行为。其中，沟通合作行为是指员工能够及时、客观准确地向领导提供与工作相关的信息，以实现信息沟通的高效和畅通；贯彻执行行为是指员工重视和维护领导者的决策，在工作中贯彻执行领导者的指令；挑战权威行为是指员工不惧权威，坚持原则，勇于质疑和指出领导者在工作中的不当之处；服从信赖行为是指员工完全听从和信赖领导者的工作安排，不会提出自己的看法。

（二）追随行为的特点

不同学者基于不同的研究视角来界定追随行为，至今为止尚且没有一个得到大家普遍推崇的概念出现，概念界定的模糊性，在一定程度上阻碍了追随行为研究的进一步发展。周文杰（2015）在其博士学位论文中指出了追随行为的一些基本特点，值得后续研究在界定追随行为的内涵和外延时予以考量。

1. 关系的互动性

追随与领导的概念对应，那么追随行为的出现必然离不开追随者与领导者，它发生于领导者和追随者的关系互动过程中。从领导者和追随者的领导和追随关系视角来理解员工追随行为是正确理解追随行为的关键切入点。周文杰（2015）认为员工的追随行为应具备指向性，即其行为是指向领导者的，那些日常工作行为、与同事之间的合作行为以及指向组织的行为等，均不属于追随行为的范畴，因为这些行为的指向并非是与其发生领导和追随关系的领导者。

2. 行为的自发性

员工表现出追随行为应该具备内在动机，而不是受外在力量的胁迫。在组织中，员工听从领导者安排的原因有很多，有因为认可信赖领导者而主动自发地表现出追随行为，也有受迫于领导者的威权而表现出来的追随行为。现代企业组织中，知识型员工所占比例增加，他们具有高度的独立性和自主性，领导者寄希望于通过威权来赢得知识型员工的追随变得越来越困难。因此，领导者只有承认追随行为的自发性，有的放矢，通过提升个人领导魅力和综合素质才能吸引到更多的追随者。

3. 行为的目的性

目的性是指追随行为蕴含了追随者特定的行为意图，是一系列的有意行为。个体行为的一个基本规律是具备目的性，需要、动机或者欲望是行为目的的具体表现形式。在组织中，领导者与追随者之间实际上是一种合作共赢的关系，双方都需要通过扮演特定的合作角色实现各自目标，以达到共赢。

4. 作用的能动性

作用的能动性是指追随行为对追随者本身和领导者产生影响。现代企业组织面临的环境日益复杂，仅凭领导者群体的力量实现组织长久持续的发展变得不再可能，此时人们给予追随者更多的期待（Kellerman，2008）。组织中的追随者摆脱了消极被动的"跟随者"标签,开始发挥其积极主动作用。一方面,追随行为能够提升追随者的自我能力。Carsen 等(2010)、DeRue 和 Ashford(2010)在文献中指出追随者在追随领导者过程中所表现出来的追随行为体现了追随者的自我驱动和自我领导。另一方面,追随行为对领导者产生影响。Howell 和 Shamir(2005)指出追随行为能够反作用于领导者,即使追随者所掌握的职权弱于领导者,但群体的力量是伟大的,他们展现出来的实际行为依然可以对领导者产生很大的影响。

5. 行为的动态性

追随行为具有很强的情境依赖性,会随着具体工作情境的变化而产生变化。追随行为是追随者、领导者和环境因素共同作用的结果,任何一方的变化都会引致具体追随行为产生变化。Carsten 等(2010)研究指出,追随者的服从行为是一种较为典型的追随行为,但是这一行为在不同风格的领导者面前表现却是不同的。比如,当面对独裁式领导者时,追随者的服从程度更强,而在授权式的领导者面前,这种服从程度相对较弱。此外,随着追随者阅历、经验和技能的不断增加,他们与领导者之间的关系也会逐步发生变化,具体表现在追随行为的表现形式和追随程度强弱两个方面。

第四节　领导效能文献综述

领导常被定义为通过使用权力和影响力来管理员工的行为和完成目标,领导效能(亦可称为领导有效性)是衡量领导管理效果的重要指标,是一个比较宽泛的概念,它的定义因人而异。费德勒认为领导效能指一个群体执行其基本分配任务所取得成功的程度。DeRue 等(2011)从内容、层次和对象三个方面来界定领导效能。其中,内容是指研究者从哪些产出形式来考察领导的效能,如情绪、态度和行为等;层次是指领导发挥作用的层面,包括个体、对偶、团队和组织四个层面;对象是指领导效能的评价指标是针对领导者而言(如员工对领导者的满意程度),还是针对其他对象而言(如团队绩效)。

目前,学术界衡量领导效能的指标主要包括绩效和员工心理与行为这两个方面，这一测量方式得到了较多学者的认可。绩效可以分为客观绩效和主观绩效，员工心理与行为主要是指员工的工作满意度、组织承诺、离职倾向、组织公民行为等。王震等（2012）在最近的一项领导效能元分析中，把员工的态度变量（工作满意度、情感承诺）和行为变量（工作绩效、组织公民行为）作为领导效能的测量指标，并指出：这些指标均是组织管理研究领域的重要变量，被证实对组织产出具有重要影响，并且是领导效能的根本体现。本书参考这种做法，选择员工行为（任务绩效和组织公民行为）和员工态度（情感承诺）来衡量领导效能。下面将分别对工作绩效和情感承诺的已有研究成果进行综述。

一、工作绩效文献综述

（一）任务绩效文献综述

1. 任务绩效的内涵与测量

管理学的实践和研究常常以工作绩效作为管理的目标和研究的结果变量。对于个人绩效的研究而言，学术界存在着多种界定和划分方式，最常见的是将工作绩效划分为任务绩效和周边绩效。任务绩效是员工工作的核心组成部分，是员工必须按照组织要求完成的工作行为。它描述了员工完成组织规定任务的情况，衡量的是员工完成工作所要求的职责的程度，被详细地列入工作职责范围之内，它是对组织对员工的工作结果进行评估的直接指标。杨春江等（2015）认为任务绩效一方面与具体的工作内容密切相关，另一方面也受到个人才能和熟练程度等的影响。

Williams（1988）开发了单维度，包含六个测量条目的任务绩效测量量表，由员工对自己的工作绩效完成情况、工作效率、速度、质量和态度等方面进行自我评价。

2. 任务绩效的影响因素研究

在管理实践中常常将任务绩效作为评估的重要指标之一。在研究中，任务绩效是研究者十分关注的一个重要的结果变量。关于员工任务绩效的研究集中于影响任务绩效的因素方面，归纳已有研究发现，这些影响因素大致可以分为三个方面：员工个人因素、工作因素以及领导者因素。

就影响任务绩效的员工个人因素而言，Barrick 和 Mount（1993）、吕伟萍（2011）研究指出外倾性、情绪稳定性、宜人性、责任心和经验开放性这五个因素对任务绩效存在不同程度的影响。王震等（2012）考察了核心自我评价对组织公民行为所发挥的促进作用，并发现道德式领导在这一关系中发挥了中介效应。在工作中投入更多精力的员工会得到相对更高的工作绩效。张辉华（2014）研究指出，情绪智力有助于提高员工的工作技能，进而促进工作绩效的提高。仲理峰等（2013）研究指出心理资本对员工工作绩效有显著正向影响。张辉华（2014）基于社会网络的视角，通过对46个项目团队210位个体的问卷调查，结果发现个体情绪智力对任务绩效产生积极影响，并检验了关系性社会资本的中介作用和结构性社会资本的调节作用。

就影响任务作绩效的工作因素而言，研究者关注的变量主要有：组织公平、组织的社会责任感、组织支持和信任氛围等。Masterson等（2000）和Colquitt（2001）在研究中指出，组织公平的四个维度，即信息、人际、程序和分配公平，均能够显著正向影响员工的工作绩效。刘俊等（2018）经研究指出，一个组织的社会责任感能够正向影响员工的绩效水平。张宗贺等（2017）经研究指出，员工获得的来自于组织层面或者领导层面的支持，有助于提升员工的绩效。屠兴勇等（2017）经研究指出，信任氛围能够建立起顺利的沟通平台，为员工角色内绩效的提升带来难以模仿的竞争力和驱动优势。

就影响工作绩效的领导者因素而言，研究者关注的变量主要有：领导风格以及领导-成员交换关系等。Chandra和Priyono（2015）在研究中指出，领导风格会对工作绩效产生影响，比如，具备参与式和民主式风格的领导者会促进员工工作绩效的提升。Macey和Schneider（2008）指出变革型领导有助于提升员工的工作绩效，仲理峰等（2013）的研究同样认为变革型领导对员工工作绩效产生显著正向影响。王明辉等（2015）认为精神型领导注重对员工的内在激励，关注员工的切身利益和需求，能够激发员工在完成分内工作时表现出更高的工作效率，进而提升任务绩效。尹奎等（2016）在研究中指出授权型领导行为对任务绩效会产生"过犹不及"效应，在初期，随着领导授权水平的提高，员工的工作自主性和责任意识增强，有助于工作绩效提升；当领导授权达到一定程度后，一方面，过多的授权会让员工消极评价领导的行为，降低对领导的认同感，另一方面会增加员工的工作量，造成工作负担，进而降低员工工作绩效。

（二）组织公民行为文献综述

1. 组织公民行为的内涵

在组织行为学的研究中，组织公民行为（Organizational Citizenship Behavior，OCB）是角色外绩效最常用的代理变量。Bateman 和 Organ（1983）在其文献当中，第一次提出了组织公民行为的概念。Organ 在 1988 年的一篇文献当中，将组织公民行为定义为"一种员工的自发性行为，该行为并没有直接或没有明确地受到组织正式奖酬体系的认可，也并非是组织规章制度所要求的内容"。组织公民行为在整体上促进了组织职能的有效发挥（Podsakoff et al.，2003）。组织公民行为是一种自发性的行为，这意味着员工并没有义务去承担这些行为，即使忽略也不应该受到惩罚。1997 年，Organ 进一步将组织公民行为界定为"组织公民行为是员工支持任务绩效的社会和心理环境的自愿行为"。任务绩效以工作为导向，属于直接绩效，而组织公民行为是以组织为导向，属于间接绩效，两者是相辅相成的关系，组织公民行为对任务绩效的完成起到了支持和辅助的作用。

2. 组织公民行为的结构

对于组织公民行为的结构，形成了比较有代表性的两种观点：其一，组织公民行为是一个包含五个维度的构念，Organ（1988）、Organ 和 Ryan（1995）研究指出，利他主义、谦恭谨慎、尽职精神、公民道德和运动员精神五个维度构成了组织公民行为整体。其中，利他主义是指员工能够以利他为行为动机帮助同事完成与工作相关的难题；谦恭谨慎是指员工以谦虚恭敬的态度对待工作中的其他同事；尽职尽责是指员工认真对待工作，严格要求自己完成工作任务的行为；公民道德是指员工秉持道德意识和强烈的责任感，积极关心组织的行为；运动员精神是指员工在困境之下依然能够坚持不懈地完成工作。其二，组织公民行为是一个包含两个维度的构念，Williams 和 Anderson（1991）研究指出，根据员工所表现出来的行为的目标指向，可以将组织公民行为划分为指向个体的组织公民行为（OCBI）和指向组织的公民行为（OCBO）两种。其中，指向个人的组织公民行为是指员工在日常工作或者生活中主动帮助遇到困难的同事，与他人建立互帮互助的人际关系；指向组织的公民行为是指员工积极参与组织活动，维护企业形象和利益，保护企业财产不受损害等。

二、情感承诺文献综述

（一）情感承诺的内涵与结构

承诺描述的是一种肯定和认可的态度倾向，情感承诺（Affective Commitment，AC）是组织承诺的三个维度之一，体现了员工与组织之间的一种非物质的交换关系，更多地体现在员工对于组织的情感依附上。情感承诺最贴近组织承诺定义中对组织归属、认同和投入的本意，很多学者把情感承诺作为组织承诺的代表性构念来看待，而且已有研究证明情感承诺更能预测员工的态度和行为。本书参考以往研究的做法，把情感承诺当作独立变量来研究。

美国社会学家 Becker 在 1960 年最早提出员工组织承诺的概念，他认为组织承诺是指员工与组织之间的一种契约，随着员工对组织投入的时间、精力等增加而心甘情愿继续留在组织中的一种心理现象。Porter（1974）后来提出了组织承诺定义即个体认同和卷入一个特定组织的强度，至少可用三个因素来刻画其特征：①在接受组织目标和价值方面有很强烈的信仰；②愿意为了组织付出相当大的努力；③对于作为组织中的一员有非常强烈的愿望。Mayer 和 Allen 提出组织承诺包含情感承诺、持续承诺和规范承诺三个维度，每一种承诺类型都代表着员工不同的心理状态。其中，情感承诺反映了员工"想要"留在组织，是员工出于对组织价值观的认可而产生的深厚的情感依赖；持续承诺反映了员工"需要"留在组织，是一种基于经济利益权衡的承诺；规范承诺反映了员工认为"应该"留在组织，是一种基于对组织负有责任的承诺；情感承诺即一个个体在情感上认同并卷入一个特定组织的总强度。凌文辁等认为情感承诺是员工对组织认同、感情深厚，愿意为组织的生存和发展做出贡献甚至不计较回报，在任何诱惑下都不离开组织。

员工对组织一旦形成情感上的承诺，意味着员工在情感上与组织形成了一种固定的联结。有关情感承诺的相关研究认为员工不愿意离开某个特定的组织的原因，绝对不是由于员工在该组织内投入了大量的时间、金钱和精力等，而是由于员工对该组织产生了感情上的依赖。

（二）情感承诺的影响因素研究

在组织行为学研究中，员工的情感承诺是一个重要的研究变量，尽管组织承诺被认为是三维度的变量，但已有研究普遍强调其情感方面的重要性。大量文献探讨了情感承诺的影响因素和影响结果。关于员工情感承诺的影响因素是指哪些因素能够有助于员工情感承诺的形成，主要分为来自于员工层面的影响因素、领导层面的影响因素和来自于组织层面的影响因素。

1. 员工层面的影响因素

员工层面的影响因素包括工作任务、工作价值、组织目标认同、职业成长、个性化契约、工作满意度和职业生涯高原等。Meyer 和 Herscovitch（2001）认为工作任务的内在投入、工作任务的相关价值、对组织目标的认同是情感承诺的主要来源。罗岭和王娟茹（2016）通过对来自 6 个城市 26 家跨国公司的 162 位回任人员问卷数据的统计分析，发现职业成长促进员工的情感承诺，即认为当员工在组织内部的职业成长顺利时，会对组织的情感日益深厚，相反，如果员工在组织内部未获得期望的职业成长，员工的组织的情感依恋程度会相应降低。Horn-ung 等（2008）的实证研究表明，发展个性化契约与情感承诺呈正相关，灵活性个性化契约与情感承诺的关系不显著。Larson 和 Luthans（2006）的研究结果显示，心理资本对员工的情感承诺产生积极影响，柯江林和孙健敏（2014）的研究也证实了这种影响效应。李宪印等（2018）以制造业职业生涯早期知识技能型员工为研究对象，利用 25 家企业的 389 名员工的调查数据，结果发现职业生涯早期员工的工作满意度情感承诺有显著的正向预测效应。王忠军等（2015）认为职业生涯发展是公务员获得成就感和价值感的重要来源，而中国公务员的职业生涯发展受组织与体制因素的影响较大，且很难向组织外部流动。公务员容易将这种职业生涯发展受阻归因于组织的不公正对待，会降低对组织的义务感和情感承诺。

2. 领导层面的影响因素

领导层面的影响因素包括领导风格、领导–成员交换关系和领导正直等。朱其权等（2017）认为仁慈领导源自于儒家的君仁臣忠、父慈子孝的仁义互惠思想，这种风格的领导者能够给员工更多的关怀和支持，会在日常工作中收获员工的情感承诺。张莉等（2013）认为变革型领导者的领导魅力，会影响到员工的思想，并通过对员工的个性化关怀让员工对组织产生情感依赖。曾垂凯（2012）认为当领导–成员交换关系质量较高时，领导者对员工表现出更多的个人支持和情感激励，员工基于互惠规范，会报之以相应的积极态度和努力行为，这种良性互动会增强员工的情感承诺。许小凤和高日光（2019）指出正直的领导公平公正，尊重员工的选择和利益，员工被这种正直的人格吸引，会对领导和组织产生强烈的心理认同感和归属感，增强员工对领导和组织的情感承诺，即领导正直能够正向促进员工的情感承诺。

3. 组织层面的影响因素

组织层面的影响因素主要包括组织结构、组织吸引力、企业社会责任、人力资源管理实践、组织公平和组织氛围等。康勇军等（2018）研究指出，当组织采纳有机组织结构，给员工营造自主的、有利于目标实现的工作环境时，员工的情感承诺水平较高；当组织采纳机械组织结构时，这种低自主且缺乏人情关怀的工作环境会降低员工的情感承诺。赵慧娟和龙立荣（2016）认为在互联网时代，员工很难再将自己固化在一个组织内部，要提供员工对组织的情感承诺，只能提升组织平台的吸引力。Brammer 等（2007）指出企业对外部呈现出的社会责任能够帮助员工在与其他群体比较中获得自我概念，增强自身的组织成员身份，获得组织自豪感，促进员工对企业的情感承诺。刘远和周祖城（2015）认为承诺型人力资源管理实践强调员工与组织间的长期交换关系，不仅对员工的情感承诺产生直接效应，还与企业社会责任一起对员工的情感承诺产生交互作用。周浩等（2016）认为公平感不仅能够维系组织与员工之间的物质交换，还能够促进双方情感的互换，进而增强员工对组织的承诺。朱瑜和谢斌斌（2018）认为组织的高差序氛围打破了组织与员工之间的互惠规范，感知到高差序氛围的员工认为组织是不公平的，对组织的认同感和归属感下降进而情感承诺水平也随之降低。

（三）情感承诺的影响效应研究

情感承诺是预测诸多员工态度和行为的重要指标，情感承诺的影响效应研究重点在于探讨情感承诺对组织和个人会不会产生影响，以及会产生何种影响。通过对相关研究文献的梳理，可以总结出情感承诺的结果变量集中在三大方面：与离职相关的行为、角色外行为和工作绩效。

1. 情感承诺对员工离职相关行为的影响

情感承诺是非常重要的个体态度变量，对员工的行为有较好的预测或者指导作用。Porter 等（1974）认为对所在组织有高度承诺并且愿意为了组织倾尽一己之力的员工们更加偏向于继续留在组织中任职。具有较高情感承诺的员工会把组织的事情当作个人的事情，把个人目标与组织目标结合起来，在工作中表现出更少的工作退缩行为（缺勤、离职意愿、离职倾向和消极怠工等）（徐燕、赵曙明，2011；曾垂凯，2012；蔡礼彬、陈正，2016）。Meyer 等（2006）认为情感承诺是员工在组织内发展的一种情感纽带，情感承诺较高的员工有较低的离职倾向，不是因为他们觉得有义务留在这里，而是因为他们对组织有情感依恋。

2. 情感承诺对角色外行为的影响

角色外行为是指员工自发的、超出组织要求且对组织有益的行为（Dyne et al.，1995），它包含多种形式，如组织公民行为、创新行为、建言行为等。Pare 和 Tremblay（2007）通过对从事 IT 行业的员工进行研究，如果员工对组织的情感承诺较高，意味着他会将个人与组织高度关联在一起，愿意投入时间和精力为组织做出额外贡献，表现出更多的组织公民行为。李永占（2018）认为变革型领导在激励员工创新时，对于那些情感承诺较低的员工来说，收效甚微。因为较低的情感承诺意味着员工对组织目标和价值理念缺乏认同，对组织缺乏情感依附，这会阻碍创新行为。Wang 等（2014）指出高情感承诺与员工高认同感和忠诚感密切相关，使员工认为自己有责任、有义务为组织发展建言献策，即情感承诺正向促进员工的建言行为。

3. 情感承诺对员工工作绩效的影响

凌文辁等（2001）认为组织承诺的三种类型（情感承诺、持续承诺和规范承诺）对工作绩效存在不同的影响。情感承诺表现为员工对组织目标和价值的认同，愿意为组织的生存与发展做出贡献，甚至能够不计报酬，因此，情感承诺更多地影响到员工工作中的周边绩效部分，对任务绩效部分的影响不明显。Ribeiro 等（2018）研究指出，情感承诺在真实型领导与员工个人绩效之间发挥中介作用，即真实型领导提升员工的情感承诺，高的情感承诺水平又进一步促进个人工作绩效的提升。黄洁（2016）认为具有较高情感承诺的员工认为自己和组织有深层次的情感联结，会把组织的事情当作自己个人的事情，把个人目标与组织目标紧密结合起来，在工作中有更好的绩效表现。

第五节　领导认同文献综述

一、领导认同的内涵

认同（Identity）是人们对于一事物区别于另一事物的认可程度。阐释个体与社会之间的关系，是认同理论的核心（严鸣等，2011）。根据马斯洛的需要层次理论，人们有与人互动、获得归属感、获得友谊和爱的需求，认同则是获得这些社会需要的一种有效途径。心理学研究根据认同指向的不同，将认同分为自我认同及社会认同两大类。自我认同是个体对自身具有或不具有某种特质、属性、能力或归属群体等的感知，所表述的是以自我为主体身份在多个领域内构建自我意义的过程和结果，是个体看待自己的一种心理表征。社会认同的认同对象则是除自我以外的其他参照物，有着广泛的内涵，当员工将认同的对象指向具体的职业和专业时便形成了职业认同（Burke，1991；Farmer et al.，2003）和专业认同（袁庆宏等，2014），指向某一身份时便形成了身份认同（孙敏，2016），当组织中的员工将自己与组织的关系紧密联结起来时，就形成了组织认同（Scott and Lane，2000），当认同的对象指向团队和领导者的时候便形成了团队认同（任荣，2011）和领导认同（李晔等，2015；郎艺、王辉，2016）。

在中国文化背景下，上下级权力距离差距较大，领导者作为组织的代理人，在组织中具有非常重要和特殊的意义。相较于组织而言，领导者比组织更加接近员工，对员工的影响更为直接，影响程度更深（李晔等，2015）。而且领导认同和组织认同对员工行为的影响是有差异的，因为领导者除了扮演组织代理人的角色之外，还作为一个独立的个体存在。在威权主义和高权力距离的中国文化背景下，相较于组织对于员工的影响而言，领导者对于员工的影响更加直接和深刻。这表明，由于员工的认同指向不同，表现出来的行为也会有所不同。本书只侧重于探讨员工对于领导的认同这种形式。

学术界对领导认同概念的探索最早追溯到对社会认同的研究上（Ashforth and Mael，1989）。社会认同是一种心理感知过程，表现为一种个体与团体之间有深度、有感情的自我身份认知（Edwards and Peccei，2007）。员工对领导者的认同是个体根据领导和员工关系身份对自我进行定义的一种状态，或是一种归属于领导者的知觉。较高的领导认同会让员工将领导者视为命运共同体，员工因此会按照领导者期望的样子行事。Pratt（1998）认为认同的形成有两个基本动机：一是出于自我归类的需要，从而界定"个体在社会中的地位"；二是出于自我提升的需要，即员工希望通过认同领导者，得到来自领导者方面的支持和资源供给（Pratt，1998）。当员工拥有高领导认同时，会以领导者的价值观和信念为参照点，并将其作为自我概念的一部分（Kark et al. ，2003）。

以往关于认同感的研究多集中于组织层面，忽视了人际层面的关系认同。相比于个人和组织认同，领导认同是影响员工行为最为重要的变量之一（Zhang and Chen，2013）。本书将认同的对象指向领导者，探究员工对领导认同在真实型领导和辱虐型领导影响员工追随行为过程中所起到的纽带作用。

二、领导认同的相关研究

从某种程度上看，领导者是组织的代理人，组织的各种文化、制度或者习惯等都是由领导者由上至下传递而来。有许多因素可以影响到员工的认同。比如，员工感知到的来自于组织的支持、高绩效人力资源实践（李燚、魏峰，2011）、对组织的信任程度（刘宗华等，2016）、组织公平感（秦伟平、赵曙明，2014）、上下级之间的关系（李宗波、陈红，2015）和领导者的行为风格（李晔等，2015；马璐、朱双，2015；张蕾等，2012）等。认同会带来诸多积极的效果，比如提高绩效和组织公民行为（柳文轩等，2014；吴隆增等，2010）、降低离职意愿（袁庆宏等，2014）、促进员工创新行为和绩效（任荣，2011；胡建军等，2013）。

当认同的对象具体地指向领导者的时候，便形成了领导认同，它反映了员工和领导者之间的心理联结。领导者有职位所赋予的法定职权，他们掌握着员工评价以及组织资源分配的权力，所以对员工来说，其对领导者的认同和认可情况将必然成为员工态度和行为的重要依据，即领导认同能够解释和预测工作场所中员工的许多工作态度和行为。已有研究发现，当员工对领导者产生了高度认同的时候，便倾向于将信念、感知以及行为上积极地向领导者靠拢，会相应激发后续积极的工作态度和行为。态度方面的变量有工作意义感、强烈的归属感、工作满意度、融洽的上下级关系以及更低的离职意愿等（唐秀丽、辜应康，2016）。行为方面的变量有更高的工作投入、工作绩效、组织公民行为、知识分享以及较低的离职倾向等（Zhang and Chen，2013）。领导者作为组织的代理人，员工认同领导所产生的积极作用对于组织而言也是十分重要的。

第六节 权力距离导向文献综述

一、权力距离导向的内涵

"权力"一词贯穿于人类活动的方方面面，由于组织中个人的能力有限，组织管理者的管理风格不能自由地受其掌控（陈岩峰，2006），因而产生了与此相关的权力机制以达成群体的共同目的。权力是组织正常运行的基础，但是权力如何分配以及成员对于分配方案是否认同，会随着社会的发展而不断变化，进而逐渐形成一种相对稳定的共识。权力距离就是众多共识中的一种，它作为文化的一种维度，在现实的管理中起着至关重要的作用。权力距离开始被看作文化价值理论的重要组成部分，是 Hofstede（1984）于 20 世纪 80 年代对 IBM 公司的 10 万余名员工进行调查并提出的一种文化价值理论，据此引起了学术界的广泛关注，如今已成为跨文化管理研究中的热门话题。

通过系统的文献研究和比较分析后发现，目前学术界主要从国家社会层面和组织个体层面两个方面对权力距离的概念内涵进行阐释。Hofstede（1984）将权力距离看作一个国家的社会群体或家庭中的弱权者对权力分配不均现象的容忍程度和期望度。组织个体层面的权力距离反映的是组织中的个体对权力分配不公的可接受程度（谢俊等，2012）。

Hofstede 在 1980 年的一篇研究文献当中，将一个国家或者社会中的人们对于权力分配不平等的耐受程度界定为权力距离，不难发现，这一界定将权力距离视作国家层面或者社会层面的宏观变量。之后，那些对权力距离感兴趣的研究者发现，即使同处一个国家或者同一社会文化背景之下，不同个体之间的权力距离观念也存在很大差异，并且这种观念的差异对个体的态度和行为产生了十分重要的影响（Lian et al.，2012）。具体到组织行为学研究领域，研究者更多地将权力距离作为一个反映个体价值观的微观研究变量，由此提出了权力距离导向的概念，并将其定义为个体对于组织中权力分配不平等的接受程度（Clugston et al.，2000）。组织中的上下级关系包含着双方权力的不对称，高权力距离导向的员工认为组织层级中的上下级之间本身就是地位不平等的，这些员工遵从与领导者之间在职位等级上的差距，在与领导者共事的过程中，对上级的命令和决策更加服从，与领导者之间保持较大的社会距离（Kirkman et al.，2009）。低权力距离导向的员工认为人与人之间平等，上下级在职位上的差异仅仅是由于组织分工的不同而已。本书关注的是员工在组织中对于权力分配的态度，所以采纳权力距离导向（Power Distance Orientation，PDO）的界定。跨文化的研究者指出，中国员工在层级关系中，有着更高的权力距离导向，恪守对上级的敬畏和服从（Wei et al.，2010）。不同权力距离导向的员工对于上下级关系之间的互惠规范有着不同的期待，高权力距离导向的员工对这种互惠规范期待较低，而低权力距离导向的员工则对互惠规范有着较高的要求，领导者对待员工的方式深刻地影响着员工对双方关系的评估（Farh et al.，2007）。

二、权力距离导向的影响研究

权力距离导向反映了个人对层级之间权力分布不平等的接受程度，作为一种角色规范，它明确了上下级之间的角色和责权。权力距离导向对员工的工作态度和行为有着深刻的影响。这是因为：一方面，员工所秉持的文化价值观和角色规范会影响到其在工作中对于权威的态度，以及对待工作的态度；另一方面，价值观对员工行为具有统率的作用，会影响到员工与领导者之间的交换关系、与领导者之间的沟通行为以及应对领导者的方式等。高权力距离导向的员工高估领导者在组织中的权力，在工作中服从领导的安排和指挥，隐匿自己的想法，不敢向上级提出建言（Kirkman et al.，2006）。

梳理现有研究发现，权力距离导向常常被用作调节变量，探究其对于某一种关系的调节作用。郑晓明和刘鑫（2016）认为组织中员工对于公平的界定是存在个体差异性的，权力距离导向就是造成这一差异性认知的因素之一，因此，在该研究中两位研究者探讨了权力距离导向在互动公平与员工幸福感之间所起到的调节作用。结果发现，具有较高权力距离导向的员工把不公平视作理所当然，互动不公平对他们的影响相对较小。Kim 和 Leung（2007）、Kim 等（2007）、Liu 等（2013）在研究中也发现权力距离导向较高的员工，对于不公平的感知相对不敏感。容琰等（2015）将权力距离导向视作团队层面的变量，考察了团队权力距离导向在领导者情绪智力与交互公平氛围之间的调节效应。结果发现，对于那些权力距离导向较大的团队而言，领导者情绪智力对公平氛围的影响也相对更大。

本章小结

本章对真实型领导、辱虐型领导、员工追随行为、领导认同、权力距离导向和领导效能六个研究变量进行文献回顾与述评。通过以上文献综述可知，中外学者已经对真实型领导、辱虐型领导、员工追随行为、领导认同、权力距离导向和领导效能等概念进行了一定的定量研究或者定性研究，但是对于这些变量之间关系的探讨，尚有待进一步充实和完善。尽管单独考察领导风格、追随行为和领导效能的研究成果呈现出逐步增加的趋势，但是融合领导风格、追随行为与领导效能，特别是真实型领导、辱虐型领导与员工追随行为和领导效能的研究却寥寥无几，缺乏一个综合的研究框架将这些研究变量归纳起来。进一步地，现有研究对于真实型领导、辱虐型领导作用于员工追随行为和领导效能的机理和边界条件的深入探讨更是少之又少。以上研究的不足之处也正是本书的基本出发点和可能的创新之处。

第三章　理论基础与研究假设

本章主要介绍本书依据的两个理论基础，并结合相关研究提出了 15 个研究假设。这 15 个研究假设旨在回答以下五个方面的问题：第一，真实型领导和辱虐型领导这两种不同的领导风格对员工追随行为的影响是怎样的？第二，这种影响关系间的作用机制是什么？第三，这种影响关系之间是否存在边界条件？第四，真实型领导、辱虐型领导与领导效能之间的关系是怎样的？第五，真实型领导和辱虐型领导影响领导效能是通过什么途径实现的，员工追随行为在这一影响关系中扮演何种角色？

第一节　理论基础与研究模型

通俗地讲，理论基础就是一套解释系统，它能够解释科学领域一些特定的现象。抽象出来的理论一方面能够促进科学研究的发展，另一方面，科学研究也能够对理论进行验证。在学术研究之中，理论具有十分重要的作用。比如，理论作为一种研究基础，能够为研究者提供系统的思考框架，为研究者寻找研究方向起到一定的引领作用；理论可以用来对收集到的数据进行合理的解释；理论还可以为后续的研究提供启发等。本书涉及真实型领导、辱虐型领导、员工追随行为、领导认同、权力距离导向和领导效能六个主要的研究变量，社会认同理论和社会交换理论为解释上述主要变量之间的关系提供了理论基础。下面将依次介绍社会认同理论和社会交换理论的核心内容。

一、社会认同理论

（一）社会认同理论基本观点

社会认同理论（Social Identity Theory）的概念最早由 Tajfel 在 20 世纪 70 年代提出，该理论关注的是群体关系和归属对个体行为和社会关系的作用机理（Tajfel，1981）。社会认同理论认为，个体具有群体属性，生活在社会中的个体无一例外地从属于多个群体，如班级、学校、社团和国家等，这种成员身份会给他们带来归属感和安全感。社会认同理论指出个体的社会认同过程分为三个环节，即社会分类、社会认同和社会比较。

1. 社会分类

自我归类理论认为人们会依照某种标准自动地把社会中的群体分门别类。人们在确定不同群体标准的前提下，根据不同个体的特征，把符合统一标准的个体划分成一个群体。社会分类是社会认同的首要步骤，个体在对事物具有清晰和明确认识的基础之上，划分出不同群体之间的边界。通过社会分类，个体能够迅速定位自己所处的群体，并根据所属群体的特征来定义自己的社会行为，通过群体成员来思考自己，这是社会认同的重要起点和基础。

2. 社会认同

认同是指个体对其某种属性符合某一群体的标准，从而获得加入该群体的资格，并成为该群体成员的一种认同感，这种认同感不仅会使个体感知自我的独特性，还能够共享其他群体成员的共同特性（鲍明旭，2017）。社会认同指一个人对他（她）是谁的定义，包括个人属性和其他人共同拥有的属性（如种族和性别）。社会认同发生在两个层面：第一，个体通过定义自己所属群体的特征来明确"我们是谁"，属于社会认同的范畴；第二，个体通过定义"我是谁"，从而验证自身与所属群体之间的一致性，这属于个人认同的范畴。前者主要用于区分内群体和外群体，后者则帮助个体理解和验证自身与所属群体之间的联结，进而为个体进行社会交互、产生社会行为提供依据。

3. 社会比较

相似的个体之间会不断地发生相互比较，以获得对自身的认识，这一过程就是社会比较，社会比较的过程是通过积极区分原则实现的，在同一群体内部，个体和他人进行比较从而获取自尊上的满足；在不同群体之间，当个体属于某个具有更高社会声望或地位的群体时，个体对自身的评价也会随之变高，从而获得自尊上的满足。社会比较不仅发生在个体之间，也发生在群际之间，个体通过将内群体与外群体相比较，产生内群体偏好和外群体偏见。

（二）社会认同理论具体应用

社会认同理论认为个体对于群体的认同是群体行为产生的基础，个体会通过社会分类，对自己所在的群体产生认同。社会认同理论是社会学和心理学领域一个宏大的社会科学理论。可以从动机视角和功能视角两个方面来解释个体为什么需要社会认同。其中，动机视角认为个体通过社会认同可以与其他成员达成一致性，以降低不确定性；功能视角认为个体之所以会产生认同，是因为他们有社会融入的需要和社会区别的需要。具体到企业管理领域，社会认同的应用主要体现在有关组织认同和领导认同的研究当中。在过去几十年，中西方学者做了大量有关社会认同的研究，组织认同也已经成为组织行为学研究中的一个重要变量。认同对个体、群体和组织层面的变量都会产生影响，以往的研究已经表明组织认同与员工绩效和组织公民行为都呈现显著的正相关关系，与离职意愿和人员流动呈负相关关系。组织认同理论由 March 和 Simon 提出，包括相似性、成员资格和忠诚度。组织成员因为相似的目标和利益基础、共同的追求而走到一起，感知到自己是组织的成员，联系密切，并形成一种情感上的归属，忠诚于自己所在的企业，愿意付出并支持组织活动。可以看出组织认同理论是对社会认同的一种具体应用，即把一般意义上的社会群体替换为组织。

二、社会交换理论

（一）社会交换理论的主要内容

交换，作为社会互动的一种特殊类型，它既是一种固定的社会形式，也是社会秩序成为可能的基础。"知恩图报""礼尚往来，往而不来，非礼也，来而不往，亦非礼也""君子不轻受人恩，受则必报"，人类社会中的这种"你来我往"的行为准则，非常普遍。从本质上来看，人与人之间的绝大部分互动均依赖于"给予-回报"等值这一模式，不难发现，这一行为模式对于人们之间行为的制约作用随处可见。Homans 是社会交换理论（Social Exchange Theory）的创始人，1958 年，他把社会行为作为因变量，把奖惩作为自变量形成了交换理论的雏形，他认为人类的社会行为不仅包括物质层面的交换，还应该包括非物质层面的交换，比如声誉和赞美，个体在维护与他人交换平衡的同时也在寻求交换的收益来实现同等的付出带来最大的回报（Homans，1958）。

Blau（1964）把经济交换和社会交换加以区分，他认为社会交换和经济交换的最大区别在于经济交换的双方有明确的责任和义务，强调利益得失的权衡，具有短期性特征；而社会交换中交换双方的责任和义务并不十分明确，具有长期性特征，双方互信是社会交换的前提。Blau（1964）认为人与人之间之所以会交往和互动是因为交往的双方都能够从这一交换关系中获得各自所需的东西。在社会交换关系中，一方的付出会引起另一方产生回报的义务感和亏欠感，只有这样，人与人之间的社会交换关系才得以持续。Blau 认为，社会交换需要满足以下两个条件：第一，交换行为的最终目标只有与他人互动才能达到；第二，交换行为必须采取有助于实现这些目的的手段。第一个条件界定了社会交换的范畴，即不包含那些单方面的交换；第二个条件指出社会交换应该是一种有目的的且采取符合目的的手段的行为（刘永根，2015）。互惠规范是社会交换理论的潜在作用机制，当一方给予另一方"资源"时，就建立起了一种义务关系，即另一方在未来付出相应的资源回报。亏欠感和心理紧张是互惠规范发生作用的两个潜在机制。一方面，当接受了他人的给予或者帮助时，人们会产生一种亏欠感，亏欠感让人觉得不舒服，只有适当地回报给予者，这种亏欠感才得以消失。另一方面，"受人恩惠"却不给予会造成心理紧张，消除心理紧张的一个途径便是予以回报。

（二）社会交换理论的应用

社会交换理论是对人们之间互动关系描述最具影响力的理论之一，Eisenberger 等把社会交换理论引入组织管理研究领域（Eisenberger et al.，2004）。在过去几十年中，社会交换理论已经成为解释组织行为最有影响力的概念范式之一，常用来研究员工与同事之间、员工与领导者之间以及员工与组织之间的交往行为，并拓展到企业管理中组织行为其他方面的研究中。在组织当中，当个体从他的上级或组织处获得资源时（支持、信任等），那么该个体就会产生一种回报上级或者组织的强烈意识，这种回报意识促使其在工作中投入更多的时间和精力，创造更高的工作绩效（孙利平等，2018）。反之，当个体未受到上级和组织对他的公正对待（如职场排斥、领导虐待和剥夺资源等），这会激发员工的"报复"心理，这种报复心理会促使员工在工作场所中产生低的工作满意度、越轨行为和高的离职意愿（高源等，2016）。Eisenberger 等（1986）基于社会交换理论，验证了组织支持感、组织公平对员工组织承诺存在积极影响。Park 等（2015）运用社会交换理论建构了知识分享的影响因素模型，验证了信任和信赖对团队内知识共享产生积极作用。席猛等（2018）依据社会交换理论，研究了员工–组织关系对员工敬业度的影响，认为当企业给员工提供更丰富的诱因，员工的工作积极性和敬业度会增强。

三、本书的构念模型

基于文献研究和逻辑推理，依据"领导风格—领导与员工的互动关系（员工追随行为）—员工对领导者行为的态度和反应"这一路径和领导学权变范式（领导者、员工、领导情境三者之间的交互作用被作为基本的解释框架）的研究思路，本书提出研究构念模型如图 3－1 所示。围绕该构念模型，本书将着重分析员工对领导认同在真实型领导、辱虐型领导与员工追随行为关系之间所发挥的中介效应；员工权力距离导向在真实型领导、辱虐型领导与员工追随行为关系之间所发挥的调节效应；更进一步地，本书研究还将分析真实型领导、辱虐型领导与员工追随行为关系间可能存在的有调节的中介效应。下文将根据这一构念模型，分别论述直接效应、中介效应、调节效应以及有调节的中介效应的假设推演过程。

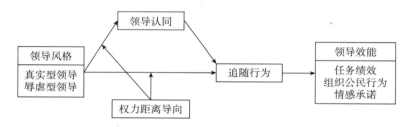

图 3－1　本书的构念模型

第二节　领导风格与员工追随行为

根据赵慧军（2013）对追随行为的界定，只有那些指向领导者的行为才能被看作员工追随行为，由此可知，领导者风格对于员工追随行为会产生影响。本书通过引入真实型领导和辱虐型领导这两种领导风格，拟通过实证检验的方法验证这两类领导风格对员工追随行为产生的影响。

一、真实型领导与员工追随行为

参照 Carsten 等（2010）的界定，追随行为是指员工在与领导者进行互动时所表现出的一系列行为。员工追随行为并不包括员工自身的工作活动以及与其他同事之间的互动行为，即追随行为关注的是员工指向领导者的一系列行为，具体表现形式有尊敬学习行为、贯彻执行行为和意图领会行为等。在影响员工态度和行为的众多前因变量中，领导者行为风格是一个很重要的方面。真实型领导反映的是领导者与员工之间互动的真实性关系，由自我意识、平衡加工、关系透明和内化道德四个维度组成。尽管已有的文献研究中，缺乏有关真实型领导与员工追随行为关系的理论探讨和实证分析，但结合相关的文献，本书认为真实型领导可以促进员工的追随行为，具体理由阐述如下：

首先，从真实型领导的特点来看，它将通过以下四种核心行为对员工追随行为产生积极影响：第一，真实型领导有清晰的自我意识，对自己的优缺点和行为过程有清晰的了解，为员工树立学习和追随的榜样；第二，领导者在信息处理过程中，能够尽量客观地平衡加工来自员工方面的信息，不加入领导者个人偏见，员工因此认为领导者是可以信赖的，会增加对领导者的积极追随；第三，领导者与员工之间建立透明的人际关系，在员工面前表达真实的情绪与感情，员工相信领导者会尊重自己并认可自己的劳动成果，故而双方关系得到推进；第四，领导者按照内在的道德标准和价值观行事，以高尚的道德标准律己，即使面对来自社会、组织和群体的压力，也能表现出与自己价值观一致的行为。真实型领导的这些核心行为不仅使员工在一般意义上容易接受，而且更可能使员工产生追随的意愿和行为。

其次，从理论方面来看，多种理论都有助于解释真实型领导的作用机制。社会学习理论表明，学习是一个观察、模仿、认同以及心理匹配的过程，组织环境与个体认知会交互影响个体学习过程。处在组织中的员工通常会观察领导者的行为，以领导者为模仿的榜样，感知和学习被领导者期望和奖励的行为。根据社会认同理论，真实型领导的真实型行为更容易得到员工的认同和追随。社会交换理论认为当员工得到领导者的关心、支持和信任时，会出现回馈的意愿和行为，员工因为受到真实型领导者的真实对待，会基于互惠的原则表现出领导者期待的行为，表现之一便是积极地追随领导者。

最后，从现有实证研究成果来看，有关真实型领导影响效应的一系列实证研究表明，真实型领导作为积极领导方式的"根源构念"，能够增加各种正面影响和减少各种负面影响。Gardner 等（2005）的理论模型认为，真实型领导能够显著提高员工对领导者的信任程度以及在工作中的投入。Avolio 等（2004）的研究认为真实型领导显著正向影响员工积极的工作态度和工作行为。有关领导的研究文献表明，领导者高尚的道德品质和行为更容易激发员工的追随。张蕾等（2012）认为真实型领导不仅使员工容易接受，还可能产生自觉主动的追随意愿和行为。

基于以上论述，提出研究假设 1：

H1：真实型领导对员工的追随行为有显著的正向影响。

二、辱虐型领导与员工追随行为

本书假设辱虐型领导对员工的追随行为产生显著的负向作用，原因有以下几点：

首先，从作用效果方面来看，辱虐型领导是指员工对于领导者持续性的言语和非言语敌意行为的感知，但是不包括身体接触。典型的领导辱虐行为包括冷嘲热讽、侮辱、公开贬低和大声辱骂员工等。领导者表现出来的这些辱虐行为可能使员工倍感压力，内心承受负担的员工可能会产生焦虑和厌恶等情绪，这些消极情绪会减少员工对辱虐型领导者的认可和追随。辱虐型领导作为一种典型的破坏性领导，已有研究表明该种行为会给受害者的身心带来严重的负面影响，例如，导致员工出现心理痛苦和情绪耗竭，甚至会使员工出现针对领导者和家庭成员的暴力行为。由以上分析可知，当员工受到领导者的辱虐对待，会减少对领导者的追随，甚至是表现出更加激烈的暴力行为。

其次，领导者的辱虐行为会导致员工产生不安、自我否定以及不公平感。领导者的辱虐对待，降低了员工与领导者之间的互相信任，在不被信任的环境下，员工特别容易变得脆弱，感觉到不安，这会降低员工与领导者之间的信息交流，员工对领导者的追随行为也相应减少。当员工在工作中付出的努力换来领导者的无视甚至反感时，员工可能因为得不到领导者的认可而质疑自己的工作能力，表失继续追随领导者的意愿。与此同时，由于员工的付出与获得无法匹配，感知到不公平的员工可能会通过减少自己对领导者的追随来发泄不满情绪。

最后，从理论方面来看，根据社会交换理论，领导者言语或非言语形式的敌意行为违背了员工对于领导者的积极期望，使员工仅仅与领导者保持经济上的和低质量的交换关系。根据社会交换理论以及互惠规范，这种低质量的经济交换关系的后果便是员工相对消极的工作态度和行为反应（王震等，2012）。根据资源保存理论，员工消极的工作态度和行为等问题的产生多是由于"投入-产出"失衡引致的。工作过程本身便是一个损耗员工资源的过程，而如果得不到相应的资源支持就会造成员工的资源失衡，这种资源失衡感会造成员工消极应对工作和领导者。已有研究表明，领导者的领导方式是引发员工资源失衡的重要因素之一。具体到辱虐型领导行为，员工在面对领导者的粗暴对待、批评和辱骂等怀有敌意的对待之后，会感到无法从领导者那里获取足够的资源和支持，面临着工作资源减少的威胁（李育辉等，2016）。除此之外，员工还需要花费更多的精力来应对自己与辱虐型领导之间不利的人际关系，这又额外挤占了员工有限的资源。当工作要求超过了员工所拥有的资源的投入却没有带来预期的回报时，资源失衡导致的被剥夺感产生，为了重新恢复平衡，员工就会减少在工作中的情感投入（如减少对领导的认同）和行为上的投入（如减少对领导者的追随）。

基于以上论述，提出研究假设2：

H2：辱虐型领导对员工的追随行为有显著的负向影响。

第三节　领导认同在领导风格与员工追随行为间的中介效应

为了进一步探明真实型领导和辱虐型领导对员工追随行为的影响机制，本书以社会认同理论为理论基础，引入员工对领导认同作为中介变量，考察领导认同所发挥的中介效应。同时，为了研究的简洁和需要，在此将追随行为作为一个整体构念来研究。

一、真实型领导、辱虐型领导与领导认同

（一）真实型领导与领导认同

在社会交换视角下，员工与领导者之间的关系被定义为交换关系，双方遵循互惠的行为规范；在社会认同视角下，员工和领导者之间被看作一种社会的和心理的连带关系和情感关系。真实型领导与领导认同的关系尚未有实证研究予以检验，本书认为真实型领导正向影响员工对领导的认同，理由有以下几点：

首先，从类似领导理论的已有研究来看，魅力型领导、变革型领导和道德型领导等积极领导风格能够有效提升员工对领导的认同程度。真实型领导作为这些积极的领导风格的"根源构念"，与魅力型领导、变革型领导和道德型领导类似，具备自信、真实和值得信赖等共同特质。身份特征是认同产生的基础，当组织成员感知到其个人的身份特征与领导者的身份特征相吻合时，便会产生对领导者的个人认同（苏雪梅、葛建华，2007）。

其次，从现有实证研究成果来看，Ilies 等（2005）指出真实型领导者个人正直的品质、较高的自我意识以及与员工建立真实关系的努力将显著提高员工对领导者的信任和认同。还有研究指出员工对主管认同在真实型领导与工作投入和组织公民行为的关系之间发挥中介作用。刘生敏和廖建桥（2016）认为真实型领导能够通过自己的行为示范，获得员工的高度认同。类似地，诸多实证研究也表明真实型领导对领导认同能够产生积极的作用（Rego et al.，2012；谢衡晓，2007；张蕾等，2012；Hirst et al.，2016）。

基于以上论述，提出研究假设3：

H3：真实型领导对领导认同有显著的正向影响。

（二）辱虐型领导与领导认同

从辱虐型领导的自身特点来看，辱虐型领导不能满足员工的情感需求（如归属感和自我价值感），不能激发员工的认同。当员工感受到领导者的辱虐对待时，将导致领导者与员工之间关系紧张和不和谐，这降低了员工对于领导者的认同。从理论上来看，社会交换理论认为人与人之间的社会交换建立在信任和善意的基础之上，是个体对于这些信任与善意能在未来得到回报的一种期待。员工与领导者的社会交换是最常见的交换形式，而员工对领导者的认同则是员工与领导者社会交换关系中重要且不可分割的一部分。当员工受到领导者的辱虐对待时，往往

会导致社会交换关系的不对称，并进而弱化员工对领导者的认同。从现有实证研究成果来看，大量实证研究表明，辱虐型领导对员工的情绪、态度和行为产生不良影响（李育辉等，2016；Wu and Hu，2014；Krasikova et al.，2013）。

基于以上论述，提出研究假设4：

H4：辱虐型领导对领导认同有显著的负向影响。

二、领导认同与员工追随行为

对领导者产生极大认同感的员工分外看中并渴望维持、加深和扩大自己与领导者之间的这种关系。这种认同感以及由此产生的互惠互利关系激励着员工在工作过程中时刻牢记自己代表了领导者的形象，进而时刻追随着领导者。一般而言，员工对领导者的情感依托程度与其行为表现正相关，本书认为员工对领导认同会激发员工的追随行为，主要原因归纳为以下几点：

首先，从领导认同的内涵和作用上来看，员工对领导者的认同是指个体根据领导者和员工关系身份对自我进行定义的一种状态，或是一种归属于领导者的知觉。这种认同感越强，员工越容易把领导者看作自己的延伸，将领导者的目标作为自己行动的指南，并表现出相应的追随行为。真实型领导者努力构建与员工之间透明的人际关系，这种关系的背后包含着领导者和员工之间的互相信任和认同。

其次，从理论上来看，社会认同理论提出个体一旦形成对某个客体（组织、领导者或者同事等）的认同，便会自发地从该客体的视角看待问题，愿意将该客体的价值观和利益进行内化。领导认同是社会认同理论在组织管理领域的具体应用，员工认同的对象指向具体的领导者，当员工产生了对领导者的认同之后，便将自己的信念、感觉和行为主动地向该领导者靠拢，认为自己的身份是与领导者身份紧密联结在一起的，愿意与领导共享成功与失败，进而表现出相应的行为。以往的研究认为领导者与员工之间的关系是一种纯粹经济交换的工具性关系，这种界定只关注了员工的"经济人"属性，而忽略了员工的"社会人"属性，忽略了员工对情感和归属的需要。实际上，员工一旦形成对领导者的认同，便会心甘情愿为领导者额外付出。领导认同会促使员工产生与领导者命运相关的感受，因此，对领导认同程度较高的员工会更多地从领导者的利益视角来考虑问题和做出行动，表现出积极的追随行为。

最后，从现有实证研究来看，领导认同作为一种重要的能动性心理因素，对员工态度和行为的重要影响已经得到一些实证研究的验证。Decoster 等（2013）经研究发现，具有较高组织认同的员工更多地基于组织的角度思考问题或者表现出有利于组织的行为。由于领导者的主要角色之一是组织的代理人，反映和代表了组织的价值观和规范，由此可以推知，若员工对领导者产生了较高程度的认同，在行为上则会向领导者靠拢，表现出对领导者的追随。

基于以上论述，提出研究假设5：

H5：领导认同对员工追随行为有显著的正向影响。

三、领导认同的中介效应

一方面，从理论上来看，员工对领导认同指的是员工知觉自己与领导者的身份交叠的程度。员工对领导的认同是一种二元关系层面的个人认同，高的个人认同意味着个体将领导作为自我参照点或者自我界定（Kark et al.，2003）。社会认同理论认为认同是个体形成自我概念的重要过程，这个过程往往需要从与其他个体的关系定位中获得。员工对领导认同是个体根据领导者和员工关系身份对自我进行定义的一种状态，或者是一种归属于领导者的知觉。对于某些领导者，员工会将自己的信念、感觉和行为向领导者靠拢，认为自己的身份与领导者是联结在一起的，感知到心理上与领导者的命运紧密相连，愿意与领导者共享成功与失败，从而形成对领导者的认同。这种认同一旦形成，就会使员工表现出相应的态度和行为。根据社会交换理论中负向回馈的观点，如果员工对领导者的认同程度降低，员工的回报义务就会削弱，表现形式之一就是减少对领导者的追随。综上所述，当员工付出得不到肯定，甚至还遭受到辱骂时，领导将会对员工传递一种不被尊重、不被关心的信号，从而降低员工对领导的情感认同。而员工认同领导的程度又决定了其针对领导者的态度和行为表现。当员工领导认同感较低时，其在追随领导方面表现不甚理想，即辱虐型领导行为可能通过降低员工对领导认同进而减少员工的追随行为。

另一方面，从现有实证研究成果来看，领导认同作为个体深层的心理倾向在作用于员工追随行为的过程中，扮演着十分重要的角色。领导认同是员工与领导者之间的情感纽带。作为一种二元关系层面的个人认同，员工对领导的认同将是领导影响效应发挥的一个重要的内在机制。领导认同作为维护员工与领导者之间关系非常重要的一种心理纽带，也必然会成为影响员工追随行为的重要因素。Avolio 等（2004）认为真实型领导者通过激发员工对领导者的个人认同和对组织的认同，进而促进员工工作投入、工作满意度和工作绩效的不断增加。换句话说，员工对领导者的认同感是真实型领导发挥作用的桥梁（Walumbwa et al.，2010；Wong et al.，2010）。

基于以上论述，提出研究假设 6 和研究假设 7：

H6：领导认同在真实型领导与员工追随行为间发挥中介效应。

H7：领导认同在辱虐型领导与员工追随行为间发挥中介效应。

第四节　权力距离导向在领导风格与员工追随行为间的调节效应

权变理论指出在考察领导风格对员工行为产生影响的时候，不能忽略员工个体差异的影响。权力距离导向作为一种个人价值观，会使员工在应对领导者风格上出现较大的差别，从而对个体工作场所中的心理状态和行为也产生不同程度的影响。为此，本书引入了权力距离导向这一研究变量，从理论上揭示领导风格对员工追随行为的影响在不同的员工价值观导向下是否存在差异。

一、权力距离导向在真实型领导与员工追随行为间的调节效应

首先，从权力距离导向的界定来看，权力距离导向反映了个体对组织中权力不平等分配的敏感程度和耐受程度，这会使员工在面对同一种领导风格时，产生不同的认知和评价（Gelfand et al.，2007；Tsui，2007）。具体而言，高权力距离导向的员工恪守与领导者之间的"尊卑有序和身份有别"，把领导者的不公平对待视作理所当然。高权力距离导向的员工乐于遵循领导者的意愿，在与领导者共事的过程中，刻意保持自己相对于权力方的从属地位，并对领导者的安排表现出更大的服从性，避免质疑和挑战领导者。而对于低权力距离导向的员工而言，他们在意权力的分配情况，认为领导者与员工之间应该处于平等地位，无法接受领导者的不公平对待。

其次，从理论的视角来看，根据理性行为理论，形成行为意向的两个重要因素是个体的主观价值准则以及根据情境信息形成的评价态度。由于领导者掌握着组织中大部分的资源和信息，具有高权力距离导向的员工忌惮领导者的威权，倾向于夸大领导者的特权，并认为领导者随时有剥夺他们权利的威胁，恪守与领导者之间的社会距离（Kirkman et al.，2009）。领导者掌握着对员工绩效评价和薪酬奖惩权，因此，员工对于领导者具有极大的资源依赖。从权力掌控角度来看，高权力距离导向的员工会高估领导者对员工的奖惩权，因此高权力距离导向会增强真实型领导者对于员工追随行为的正向影响。

最后，从现有实证研究成果来看，Farh 等（2007）研究了权力距离导向在员工感受到的来自于组织层面的支持与员工产出之间的调节效应。李劲松（2013）经研究发现，员工的高权力距离导向是伦理型领导的"抵消者"，对伦理型领导的效力起到了弱化作用。真实型领导与伦理型领导同属积极型领导的范畴，因此可以推论得出，员工的高权力距离导向也会抵消掉真实型领导的积极效力。

基于以上论述，提出研究假设 8：

H8：权力距离导向对真实型领导与员工追随行为的关系具有调节作用。

具体而言，权力距离导向越低，真实型领导与员工追随行为的正向关系越弱；反之权力距离导向越高，真实型领导与员工追随行为的正向关系越强。

二、权力距离导向在辱虐型领导与员工追随行为间的调节效应

首先，从权力距离导向的内涵和特点来看，对于高权力距离导向的员工，辱虐型领导对员工追随行为的负向影响可能会较弱。高权力距离导向的员工认为领导者和员工之间本身就是不平等的，他们尊重等级差异，强调不同的角色分工，维护和顺从领导者的权威。因此高权力距离导向的员工能够接受上下级之间权力分配上的差异，领导者表现出来的一些辱虐行为在某种程度上符合高权力距离导向员工的心理预期和角色定位。他们对领导者的辱虐行为有更强的耐受力，即使上级表现出辱虐行为，他们也倾向于恪守自己的角色规范和义务，遵从、信任和维护领导者，不会轻易做出"犯上越矩"的举动。这就可能缓冲辱虐型领导对员工追随行为的负面影响。而低权力距离导向的员工漠视地位等级差异，他们应对领导者的方式取决于领导者如何对待他们，在遭受到领导者的辱虐对待时，他们便会降低对领导者的认同、信任和追随。

其次，从理论上来看，个体行为理论指出，组织环境对个体行为的作用过程受个体特质的影响。权力距离导向是个体的一种相对稳定的人格特质，对于高权力距离的员工而言，他们受到外界环境的影响较大，对权威保持较高的遵从和服从，对辱虐型领导的承受力较高。王震等（2012）认为高权力距离以及中国传统文化和儒家价值观对尊卑有序和身份等级的强调会使其消极作用不明显。在高权力距离的文化中，人们遵从权威、承认人与人之间的差异，对权力持有上的不公平有更高的接受程度。正是因为这种对权力不公平的接受和对权威的顺从，员工更有可能去接受而不是反抗领导者的负面行为，因此辱虐型领导对他们的消极影响会相对较弱（Tepper，2007）。

最后，从现有实证研究结果来看，有研究表明，高权力距离导向的员工可能并不会把领导者的不公平对待视为冒犯或者侵犯；而对于低权力距离导向的员工来说，他们无法容忍权力的不公平分配，对领导者的辱虐行为更加敏感，反应更加剧烈（Kirkman et al.，2009；Brockner et al.，2001）。另外，Farh 等（2007）也指出，高权力距离导向的员工对于领导风格的反应并不取决于领导者对待他们的方式，而是取决于他们自身的角色规范。因此，高权力距离导向的员工即使受到领导者的辱虐对待，依然会恪守其作为下级的角色规范，保持对领导者的尊重和认同，避免减少对领导者的追随。相对来说，低权力距离导向的员工认为人人平等，他们认为领导者应该尊重和重视他们。因此，领导者对待员工的方式会在很大程度上影响到员工的态度和行为。Tepper（2007）在研究中明确指出，辱虐型领导的影响效果在很大程度上受到被领导者权力距离导向高低的影响。Yang等（2007）、Kirkman 等（2009）认为权力距离导向较大的员工更倾向于信任和服从领导。吴隆增等（2009）从个体文化导向入手，证实破坏型领导的负面影响对高传统性的员工来说相对较弱。他们认为高传统性的员工有强烈的等级观念，对领导者的负面行为有更强的容忍性，即使领导者表现出破坏性行为，他们也会恪守自己作为下属的角色规范和义务而遵从、信任和维护处于领导位置的管理者。

基于以上论述，提出研究假设 9：

H9：权力距离导向对辱虐型领导与员工追随行为的关系具有调节作用。

具体而言，权力距离导向越低，辱虐型领导与员工追随行为的负向关系越强；反之，权力距离导向越高，辱虐型领导与员工追随行为的负向关系越弱。

第五节 有调节的中介效应

前文的假设6和假设7提出员工对领导认同在真实型领导、辱虐型领导和员工追随行为之间的关系中起到中介作用，假设8和假设9中提出了由于不同权力距离导向的员工对权力分配不公平的耐受程度不同，会使真实型领导和辱虐型领导对员工追随行为的影响效果存在差异。以上对于中介效应与调节效应的探讨是相互独立的和割裂开来的，实际上，真实型领导、辱虐型领导通过领导认同作用于员工追随行为的效果对于不同权力距离导向的员工来说是存在差异的。

以辱虐型领导为例，Tepper认为不同权力距离导向的员工会采用不同的方式来回应领导者的辱虐行为。因此，有理由认为，不同权力距离导向的员工在面对辱虐型领导时，对领导者的认同程度也会有所差异：高权力距离导向的员工遵从权威，从内心接受领导者与员工之间在等级和地位上的差异，纵使感受到领导者的敌意对待，也会受到自身地位和权力的局限，恪守作为员工的角色规范和义务保持对领导者的尊重、信任、遵从和认同，因此对于高权力距离导向的员工来说，辱虐型领导对员工认同程度的负向影响相对较弱；相反，低权力距离导向的员工拒绝被不平等地对待，他们认同领导与否以及认同的程度高低，更多地受到领导者如何对待他们的影响，因此在面对领导者的敌意对待时，低权力距离导向的员工往往倾向于降低或者终止对领导者的认同。因此，在辱虐型领导影响员工认同的过程中，员工的权力距离导向起到一定的调节作用。

遵循假设6、假设7、假设8和假设9的推导逻辑，以及关于权力距离导向在真实型领导、辱虐型领导和领导认同关系间调节效应的推导，如果进一步考察中介变量和调节变量之间的关系可以发现，权力距离导向在真实型领导、辱虐型领导与领导认同之间起到调节作用，再进一步影响到领导认同对员工追随行为的作用效果。除此之外，在现实组织情境中，个体间在文化价值观（如权力距离导向）上的差异会导致即使在同一工作环境中的员工，面对同一个领导者，对领导者的认同程度也可能会有所不同，进而导致对领导者的追随行为出现差异。因此，基于以上论述，本书还将进一步构建有调节的中介效应（Moderated Mediation）模型，即领导认同在真实型领导、辱虐型领导与员工追随行为关系间的中介效应受到员工权力距离导向的调节，表现为有调节的中介效应。

基于以上论述，提出研究假设 10 和研究假设 11。

H10：权力距离导向调节了真实型领导通过领导认同的中介作用对员工追随行为产生的积极作用，表现为有调节的中介效应模型。

H11：权力距离导向调节了辱虐型领导通过领导认同的中介作用对员工追随行为产生的消极作用，表现为有调节的中介效应模型。

第六节　领导风格对领导效能的影响机制

领导过程发生在领导者和员工之间，领导者与员工、领导情境相互依存，领导效能受到员工和领导情境的制约。不过在众多"以领导为中心"的理论中，员工方面的特征往往被忽略。在接下来的研究中，将领导效能的三个维度，即员工工作绩效、组织公民行为和情感承诺，合并为领导效能整体。

一、真实型领导与领导效能

本书研究认为真实型领导显著正向影响领导效能，具体原因如下：

一方面，从理论上来看，在众多预测员工工作绩效的前因变量中，领导风格一直都是研究者关注的焦点。真实型领导会促进领导效能的提升，该正向效应之所以发生，可以从领导–成员交换的角度找到解释，真实型领导有利于领导者和员工之间良好关系的构建，进而帮助提升员工的工作绩效和情感承诺。中国企业组织中的员工与西方企业组织中的员工相比具有重感情的特点，如果其认为领导者的行为符合自己的预期，就更可能加深对领导者的感情。真实型领导的诸多特点恰好与员工的期许一致，因此更加可能被员工所接受，员工也就更容易产生对组织和领导者的情感承诺。

另一方面，从现有实证研究结果来看，真实型领导正向预测员工的任务绩效（韩翼、杨百寅，2009；Walumbwa et al.，2008；Walumbwa et al.，2010；Peterson et al.，2012；Leroy et al.，2012）。Yammarino 和 Dionne（2008）、Walumbwa

等（2010）、王勇和陈万明（2012）、周蕾蕾（2010）、Hirst 等（2016）经研究认为真实型领导正向影响员工的组织公民行为。Rego 等（2013）和 Leroy 等（2012）指出真实型领导显著正向影响员工的情感承诺和工作绩效。

综上所述，理论和实证研究均表明真实型领导者的积极特质能够提升领导效能。

基于以上论述，提出研究假设 12：

H12：真实型领导对领导效能有显著的正向影响。

二、辱虐型领导与领导效能

从现有实证研究成果来看，Harris 等（2007）研究发现领导者的辱虐行为与员工自评的工作绩效和领导评定的工作绩效都是负相关的。Tepper（2007）研究认为当员工受到领导者的辱虐对待时，会通过降低组织承诺、任务绩效和组织公民行为等方式来发泄心中的负向情绪。Burton 等（2014）认为领导者的辱虐行为会降低员工的任务绩效和组织公民行为。关于领导辱虐行为研究的相关文献表明，与那些没有受到领导者辱虐对待的员工相比，受到辱虐对待的员工会降低对组织的情感承诺和对领导者的情感依附（Krasikova et al. ，2013）。

基于以上论述，提出研究假设 13：

H13：辱虐型领导对领导效能有显著的负向影响。

三、员工追随行为在领导风格与领导效能间的中介效应

本书选取员工任务绩效、组织公民行为和情感承诺作为领导效能的三个衡量指标，这三个指标的评估对象均是员工。员工指向领导者的积极的追随行为有助于提高工作绩效和情感承诺，管理理论界也一致认为，不管是哪种领导风格，要取得绩效，都必须激发出员工的积极行为，因此在理论上，追随行为是领导效能的一个很重要的预测变量。

基于以上论述，本书认为员工追随行为在真实型领导、辱虐型领导与领导效能之间起到了中介作用，提出研究假设 14 和研究假设 15：

H14：追随行为在真实型领导与领导效能的关系间发挥中介作用。

H15：追随行为在辱虐型领导与领导效能的关系间发挥中介作用。

本章小结

本章主要分为两方面的内容：一是理论基础的介绍，通过对相关理论的介绍和梳理，为本书奠定坚实的理论基础。二是研究假设的提出，在已有研究的基础上，结合实际情况，提出本书的研究模型，并结合研究模型提出本书的 15 个研究假设（见表 3 – 1）。具体来说，关于直接效应的研究假设有 7 个，关于中介效应的研究假设有 4 个，关于调节效应的研究假设有 2 个，关于有调节的中介效应假设有 2 个。本章提出的研究假设为后续的实证研究提供了思路，并界定了研究的角度与范围。

表 3 – 1　研究假设汇总

编号	假设的内容
H1	真实型领导对员工的追随行为有显著的正向影响
H2	辱虐型领导对员工的追随行为有显著的负向影响
H3	真实型领导对领导认同有显著的正向影响
H4	辱虐型领导对领导认同有显著的负向影响
H5	领导认同对员工追随行为有显著的正向影响
H6	领导认同在真实型领导与员工追随行为间发挥中介效应
H7	领导认同在辱虐型领导与员工追随行为间发挥中介效应
H8	权力距离导向对真实型领导与员工追随行为的关系具有调节作用。具体而言，权力距离导向越低，真实型领导与员工追随行为的正向关系越弱；反之权力距离导向越高，真实型领导与员工追随行为的正向关系越强
H9	权力距离导向对辱虐型领导与员工追随行为的关系具有调节作用。具体而言，权力距离导向越低，辱虐型领导与员工追随行为的负向关系越强；反之权力距离导向越高，辱虐型领导与员工追随行为的负向关系越弱
H10	权力距离导向调节了真实型领导通过领导认同的中介作用对员工追随行为产生的积极作用，表现为有调节的中介效应模型

续表

编号	假设的内容
H11	权力距离导向调节了辱虐型领导通过领导认同的中介作用对员工追随行为产生的消极作用，表现为有调节的中介效应模型
H12	真实型领导对领导效能有显著的正向影响
H13	辱虐型领导对领导效能有显著的负向影响
H14	追随行为在真实型领导与领导效能的关系间发挥中介作用
H15	追随行为在辱虐型领导与领导效能的关系间发挥中介作用

第四章　实证研究设计与预调研

研究设计是对研究工作的总体规划，是将研究问题转化为一系列研究决策的决定性环节。所谓研究设计是确立主要研究策略、研究取向、具体方法和操作步骤的过程。研究设计应该是一个合理的行动计划，在研究实施过程中，研究者将始终遵循这个行动计划。一般来说，研究设计的主要任务是决定如何开展研究，包括采取何种研究策略或研究取向，需要何种数据，如何收集数据，需要何种参与者和多少参与者等。本章主要介绍调查的程序和样本情况、预测试和数据质量评估等内容。

第一节　量表设计

一、量表设计流程

首先，结合研究目的确定主要研究变量。本书有两个基本研究目标：一是尝试探索真实型领导和辱虐型领导两种领导风格对员工追随行为的影响，并引入领导认同作为中介变量、权力距离导向作为调节变量，深入探究这一关系背后的具体作用机理。二是探究真实型领导和辱虐型领导两种领导风格对领导效能的影响，并进一步考察员工追随行为在这一关系中所发挥的传递效应。因此，本书将涉及真实型领导、辱虐型领导、员工追随行为、领导认同、权力距离导向和领导效能六个主要研究变量，接下来将有针对性地选择量表。

其次，选择合适的变量测量量表。由于真实型领导、辱虐型领导、领导认同、权力距离导向和领导效能五个研究变量已经具有成熟的测量量表，本书选择应用频率高、发表在权威级别期刊上的量表，并在征询组织行为学相关专家意见的基础上，结合研究实际，对测量量表中的个别题项的描述进行了微调，使之更加符合本书研究。

再次，问卷调整、试填及修订。本书遵循"问卷初稿创建—问卷试填—问卷调整—问卷预调查—统计检验修正—最终确定"的过程。在量表初稿形成之后，首先发给同年级的在职博士研究生同学以及已参加工作的同学进行试填，结合试填人员反馈回来的问题和建议，在避免问卷失真的前提下适当修正测量题项的措辞以确保量表中的语言表达符合中国员工的习惯。

最后，初步形成测量量表。进行小样本预调查以及预调查之后的量表信度和效度检验，根据检验结果修正并确定最终量表，此外，还美化了问卷排版，使问卷版面更加美观和舒适，以最终用于大样本调研。

二、测量工具选择

（一）领导风格测量问卷

对真实型领导的测量参考 Neider 和 Schriesheim（2011）开发的 14 个测量题项的真实型领导量表，由员工对领导者的真实型行为进行评价（Neider and Schriesheim，2011）。该量表有坚实的理论基础和严格的信度效度验证，且该量表已用于中国情境下的实证研究，并显示具有良好的信度和效度。经过预调研及听取专家意见，保留全部测量题项。同时，为了后续统计分析的便利，采用真实型领导（Authentic Leadership，AL）英文翻译的前两个字母加顺序编号（即 AL 1 ~ AL 14）来代表 14 个具体的测量题项（见表4-1）。

对辱虐型领导的测量参考 Mitchell 和 Ambrose（2007）在 Tepper（2000）基础上修订的辱虐型领导简版量表。该量表被国内外相关研究者广泛采用，具有良好的测量学指标。为了后续统计分析的便利且能和真实型领导的编码 AL 区分开来，采用辱虐型领导（Abusive Leadership，AbL）英文翻译加顺序编号（即 AbL 1 ~ AbL 5）来代表 5 个具体的测量题项（见表4-2）。

表 4 – 1 真实型领导测量量表

变量名称	编码	测量题目
真实型领导	AL 1	我的领导能够清楚地表达他真实的意思
	AL 2	我的领导内在信念和外在行为表现一致
	AL 3	我的领导想听到对他的核心理念提出挑战的想法
	AL 4	对于他人怎么评价他的能力，我的领导能客观描述
	AL 5	我的领导依据他的内在原则来做决定
	AL 6	在下结论前，我的领导能够认真倾听各种不同的观点
	AL 7	我的领导清楚地知道自己的优势和劣势
	AL 8	我的领导能够坦率地与其他人分享信息
	AL 9	我的领导能够顶住压力，反对做有违他理念的事情
	AL 10	在做决定之前，我的领导能够客观地分析相关数据
	AL 11	我的领导清楚地知道他对其他人的影响
	AL 12	我的领导可以清楚地向他人表达想法和思想
	AL 13	我的领导通过内在道德准则指导自己的行为
	AL 14	我的领导鼓励他人说出反对意见

资料来源：Neider L. L. , Schriesheim C. . The Authentic Leaderships Inventory（ALI）：Development and Empirical Tests［J］. The Leadership Quarterly, 2011, 22（6）：1146 – 1164.

表 4 – 2 辱虐型领导测量量表

变量名称	编码	测量题目
辱虐型领导	AbL 1	我的领导有时候会嘲笑我
	AbL 2	有时候，我的领导说我的想法或感受是愚蠢的
	AbL 3	有时候，我的领导会让我在别人面前难堪
	AbL 4	我的领导在别人面前对我的评价是消极的
	AbL 5	有时候，我的领导说我是不称职的

资料来源：Mitchell M. S. , Ambrose M. L. . Abusive Supervision and Workplace Deriance and the Moderating Effects of Negative Reciprocity Beliefs［J］. Journal of Applied Psychdogy, 2007, 92（4）：1159 – 1168.

（二）追随行为测量问卷

对于追随行为的测量，本书研究参考周文杰等（2015）在中国文化情境下开发的追随行为量表，该量表包含六个维度，分别是尊敬学习、忠诚奉献、权威维护、意图领会、有效沟通和积极执行，共分为 21 个测量题项。为了后续统计分析的便利，采用追随行为（Following Behavior，FB）英文翻译的首字母加顺序编号（即 FB 1 ~ FB 21）来代表 21 个具体的测量题项（见表 4 - 3）。

表 4 - 3　追随行为测量量表

变量名称	维度名称	编码	测量题目
追随行为	尊敬学习	FB 1	我敬佩和学习领导在业务、管理等方面的能力
		FB 2	领导发言时，我总是非常专注地学习吸收
		FB 3	我根据领导的建议决定职业发展方向
		FB 4	我敬佩和学习领导的为人和品行
		FB 5	我根据领导的意图设立自己潜在的工作目标
	忠诚奉献	FB 6	当领导与别人意见发生分歧时，我毫不犹豫声援领导
		FB 7	为完成领导交办的任务，我会牺牲业余时间，甚至是健康
		FB 8	即使领导的事业遇到挫折，我也不离不弃
	权威维护	FB 9	我不会公开同领导唱反调
		FB 10	我不会与领导产生误解和矛盾
		FB 11	日常交往中我注意维护领导的面子和权威
		FB 12	同事说领导坏话时，我会站出来维护领导
	意图领会	FB 13	领导布置工作的潜在意图我能够完全领会
		FB 14	领导交代任务时不需要详细解释我也能心领神会
		FB 15	我的工作结果总是能达到领导的要求
	有效沟通	FB 16	我经常向领导积极建言、出谋划策
		FB 17	我会完善领导的想法使之更可行
		FB 18	我经常主动向领导汇报工作情况
		FB 19	我经常与领导商量具体问题的解决办法
	积极执行	FB 20	我对领导布置的工作精益求精，力求最好的表现
		FB 21	领导布置的任务我会想尽办法克服困难完成

资料来源：周文杰，宋继文，李浩澜．中国情境下追随力的内涵、结构与测量［J］．管理学报，2015（3）：355 - 363.

（三）领导认同测量问卷

对领导认同的测量参考 Mael 和 Ashforth（1992）开发的组织认同单维度问卷，包含 6 个测量题项，该量表是目前用来测量组织认同最为普遍的测量工具，在中国情境下的信度和效度已经得到了证明。本书测量条目中的单位（或组织）改为领导，形成领导认同问卷，为了后续统计分析的便利，采用领导认同（Leadership Identity，LI）英文翻译的首字母加顺序编号（即 LI 1～LI 6）来代表6 个具体的测量题项（见表 4-4）。

表 4-4　领导认同测量量表

变量名称	编码	测量题目
领导认同	LI 1	当有人批评我的领导时，我感觉就像是自己受到了侮辱
	LI 2	我非常关心别人如何看待我的领导
	LI 3	当我谈论起我的领导时，我通常说"我们"而不是"他们"
	LI 4	我的领导的成功也是我的成功
	LI 5	当有人赞扬我的领导时，我感觉就像是自己受到了赞扬一样
	LI 6	如果媒体有报道批评我的领导，我会感到不安

资料来源：Mael F. , Ashforth B. E. . Alumni and Their Alma Matter：A Partial Test of the Reformulated Model of Organizational Identification［J］. Journal of Organizational Behavior，1992，13（2）：103－123.

（四）权力距离导向测量问卷

对权力距离导向的测量参考 Dorfman 和 Howell（1988）开发的 6 个项目的测量个体层面权力距离量表。该量表在不同文化情境适用性上得到了大量的支持，且被国内相关研究广泛采用，具有良好的测量学指标。为了后续统计分析的便利，采用权力距离（Power Distance Orientation，PDO）英文翻译的前三个字母加顺序编号（即 PDO 1～PDO 6）来代表 6 个具体的测量题项（见表 4-5）。

表 4-5　权力距离导向测量量表

变量名称	编码	测量题目
权力距离导向	PDO 1	我认为，领导做决策时不需要征询下属的意见
	PDO 2	我认为，领导应该拥有一些特权
	PDO 3	我认为，领导不应该和下属过多地交换意见
	PDO 4	我认为，领导应当避免与下属有工作之外的交往
	PDO 5	我认为，下属不应该反对领导的决定
	PDO 6	我认为，领导不应该把重要的事情授权给下属去解决

资料来源：Dorfman P. W. , Howell J. P. . Dimensions of National Culture and Effective Leadership Patterns：Hofstede Revisited［J］. Advances in International Comparative Management，1988（3）：127－150.

（五）领导效能测量问卷

参考王震等（2012）的做法，本书选取员工任务绩效、组织公民行为和情感承诺作为领导效能的三个衡量指标。对员工任务绩效的测量参考 Williams 和 Anderson（1991）的 5 个项目的测量量表。为了后续统计分析的便利，采用绩效（Task Performance，TP）英文翻译的首字母加顺序编号（即 TP 1 ～ TP 5）来代表5 个具体的测量题项。对组织公民行为的测量参考 Williams 和 Anderson（1991）的 6 个项目的测量量表，为了后续统计分析的便利，采用组织公民行为（Organizational Citizenship Behavior，OCB）英文翻译的首字母加顺序编号（即 OCB 1 ～ OCB 6）来代表 6 个具体的测量题项。对情感承诺的测量参考 Meyer 和 Allen（1991）的 4 个项目的测量量表。为了后续统计分析的便利，采用情感承诺（Affective Commitment，AC）英文翻译的首字母加顺序编号（即 AC 1 ～ AC 4）来代表 4 个具体的测量题项（见表 4 - 6）。

表 4 - 6　领导效能（任务绩效、组织公民行为和情感承诺）测量量表

变量名称	维度名称	编码	测量题目
领导效能	任务绩效	TP 1	我认真履行了岗位所应承担的责任
		TP 2	不同时间段的任务指标我都已如期完成
		TP 3	通过努力，我的年度预期目标已按期实现
		TP 4	组织对我的岗位工作业绩表示满意
		TP 5	领导对我的积极工作态度给予高度认可
	组织公民行为	OCB 1	我有时会利用个人人脉为组织发展服务
		OCB 2	对于组织发展中的困难，我不会袖手旁观
		OCB 3	对组织有利的事，不管分内分外我都会做
		OCB 4	当工作需要时，我会放弃休息时间主动加班
		OCB 5	我自觉为组织控制不必要的开支与浪费
		OCB 6	我会帮助工作有困难的同事完成其任务
	情感承诺	AC 1	我一直把公司的问题看成我自己的问题
		AC 2	我从未考虑过要离开自己所在的组织
		AC 3	我对组织一贯保持诚实守信的职业操守
		AC 4	在组织发展逆境中，我会与领导同心同德

资料来源：Williams L. J.，Anderson S. E.. Job Satisfaction and Organizational Commitment as Predictors of Organizational Citizenship and In - Role Behaviors［J］. Journal of Management，1991，17（3）：601 - 617.

（六）人口统计学变量的测量

为了避免其他的一些无关变量对主要研究变量之间关系的影响，本书将员工的人口统计学信息、与领导共事时间和所在组织性质等信息作为控制变量来处理。具体包括：性别、年龄、婚否、教育程度、与领导的共事时间以及所在组织性质。本书测量中，员工年龄、教育水平和与领导共事时间均为按照尺度逐级递增的变量，具体如下：

（1）性别（Gender）：1代表男性，2代表女性。

（2）年龄（Age）：分为5个等级，从1到5依次为"25岁以下""25~30岁""31~40岁""41~50岁""50岁以上"。

（3）婚否（Mar）：1代表已婚，2代表未婚。

（4）受教育程度（Edu）：分为5个等级，从1到5依次为"高中及高中以下""大专""本科""硕士研究生""博士研究生"。

（5）所在组织性质（Unit）：分为5个等级，从1到5依次为"外资企业""民营企业""国有企业""事业单位""政府部门"。

（6）与目前的直接领导共事时间（Co-work）：分为5个等级，从1到5依次为"1年以内""1~2年""3~5年""6~10年""11年以上"。

除人口统计学变量之外，本书其他变量的测量量表均采用李克特（Likert）5点计分法进行测度，每一测量题项的符合程度从1（非常不符合）到5（非常符合）逐渐增加，分别计1分到5分。遵循以往实证研究的常用做法，对于单维度的研究变量比如真实型领导、辱虐型领导、领导认同和权力距离导向的得分是通过求各个题项得分的平均值而来。对于多维度变量如员工追随行为和领导效能，本书将各维度的加总平均值作为各个构念的测量值用于后续的假设检验。

第二节　研究程序与实证分析方法

一、研究程序

首先，设计调查问卷。根据研究目的，结合研究模型，挑选并确定合适的变量测量工具，由于本书所选用的研究变量均在国内较多权威研究中使用过，证实了测量量表的信度和效度，因此将直接采纳这些权威研究中所使用的测量量表，并结合本书需要，对于题项的描述做了微调。

其次，数据收集。在正式收集数据之前，制订详细的预调研和正式调研计划，确定调研时间、对象、问卷发放与回收方式等。虽然本书所用测量量表大部分为十分成熟的研究量表，但是是否适用于本书，能否达到预期的研究设想，尚不明确。为了避免在大样本测试之后出现偏差，在正式调研之前，先进行小样本预测试。结合对预测试数据的信效度分析和项目分析，对量表进行进一步修订与完善，包括删除未达到阈值的测量题项，微调描述不清晰的测量题项以形成最终测量问卷，用于进行大样本数据调研。

最后，数据处理和结果分析。完成数据收集工作之后，对收集到的数据进行初步处理，包括编码、问卷筛查、缺失值处理及其他的数据预处理等。数据录入工作完成之后，结合研究假设，选择合适的统计分析软件和具体的统计分析方法来进行数据的分析工作。

二、实证分析方法

本书需要用到的具体实证分析方法有：频次分析、描述性统计分析、信度分析、效度分析、相关性分析、路径分析和回归分析等。

（一）频次分析和描述性统计分析

频次和百分比主要用于对人口学、组织学特征的质性分析。描述性统计分析主要用于了解被调查对象的人口学信息分布特征，通过 SPSS 22.0 统计分析软件实现。

（二）信度分析和效度分析

信度分析主要用于评估测量工具的可信程度。本书主要通过 SPSS 22.0 来进行信度分析。效度分析主要用于评估测量题项与理论概念之间的相符程度。由于本书所涉及的构念全部参考成熟量表进行测量，所以采用验证性因子分析对测量工具的效度进行评估，具体通过 AMOS 22.0 和 SPSS 22.0 两种统计分析软件来实现。

（三）相关分析、路径分析和回归分析

相关分析用于分析变量之间的关联性。路径分析用于多重变量之间的影响关系分析，本书研究通过结构方程建模，利用 AMOS 22.0 来完成路径分析。回归分析用于分析变量之间的依存关系。

第三节 预测试与问卷验证

由于数据样本来自中国，而本书所测量的理论构念大多是基于西方文化背景下开发出来的测量量表，因此为了避免构念对等性偏差（Construct Equivalence Bias）所导致的测量上的误差，本书在大样本调研之前，对问卷进行预测试，以便对问卷及时进行修订和调整，确保正式调查工作的顺利开展。预测试多半使用便利性抽样的方法，建立一个小型样本，施以预测试版本测验，以决定题目的可用程度，据以删除因子载荷较低的题目，决定正式量表，这个过程被称为项目分析。除了实际的施测，预测试也可以通过多种方式同时并进，例如，将调查问卷交给相关的学者专家或实务工作者，请其评估题目合适与否。通过专家所评定的内容不仅是"题目看起来像不像是测量该特质的题目"（所谓表面效度），更可以协助进行问卷内容效度的评估。

一、预测试样本描述

本书预测试所使用的问卷包含性别、年龄、受教育程度等人口统计学特征的题目，加上六个研究变量的测量题项，一共由 68 个问题组成，除了人口统计学问题之外，问卷中涉及问题的计分均采用李克特（Likert）5 点计分法，1~5 分分别代表了对某测量题项的描述从完全不符合到完全符合的评价。考虑到数据收集的可得性和便利性，主要选择北京、河北、福建和山西的多家企业员工作为预测试对象。具体做法是，被选择企业均有熟人任职于其中，采用委托施测的方法，由研究者委托企业熟人来帮忙在现场发放并回收调查问卷。在委托施测之前，研究者向受托人详细介绍了问卷调查的目的、意义、具体操作过程及注意事项。在注意事项部分，要求受托人务必向问卷填答者说明本次调查不会作为评价员工的依据，更不会提供给任何第三方，仅作学术研究之用，请问卷填答者不要心存顾虑，如实填写即可。

预测试数据收集集中于 2016 年 5 月 15～28 日，共计发放纸质问卷 184 份，回收问卷 150 份。将回收问卷中空白过多或者填答倾向明显的无效问卷剔除之后，保留有效问卷 110 份，有效问卷回收率约为 73%。预测试回收样本情况如表 4 – 7 所示。

表 4 – 7　预测试样本人口统计信息（N = 110）

基本资料	分类	样本数	百分比（%）	累计百分比（%）
年龄	25 岁及以下	6	5.4	5.4
	26～30 岁	39	35.5	40.9
	31～35 岁	44	40.0	80.9
	36～40 岁	10	9.1	90.0
	41～45 岁	8	7.3	97.3
	46 岁及以上	3	2.7	100.0
性别	男	58	52.7	52.7
	女	52	47.3	100.0
婚否	已婚	58	52.7	52.7
	未婚	52	47.3	100.0
教育程度	高中及以下	14	12.7	12.7
	大专	22	20.0	32.7
	大学本科	44	40.0	72.7
	硕士研究生	25	22.7	95.5
	博士研究生	5	4.5	100.0
与领导共事时间	1 年以内	11	10.0	10.0
	1～2 年	51	46.4	56.4
	3～5 年	36	32.7	89.1
	5～10 年	8	7.3	96.4
	10 年以上	4	3.6	100.0
所在组织性质	国有企业	21	19.1	19.1
	外资企业	19	17.3	36.4
	民营企业	29	26.4	62.7
	事业单位	34	30.9	93.6
	政府部门	6	5.5	99.1
	其他	1	0.9	100.0

通过表4-7中的数据可以分析出来，被调查对象的年龄普遍较小，集中于26~35岁，占比达到75.5%；从被调查性别方面来看，接受测试的男性员工比例稍微高于女性员工（男性占52.7%），这个结果与调研时选择的企业性质（事业单位、银行）等有很大关系；从婚姻状况来看，52.7%的被调查者是已婚状态；从教育程度方面来看，被调查者以大专、本科和硕士研究生学历为主，这三者总和的占比达到了82.7%；从与领导共事时间方面来看，与领导者共事5年及以内的占大多数，占比达到89.1%；从所在组织性质方面来看，被调查者来自国有企业的占比为19.1%，来自外资企业的占比为17.3%，来自民营企业的占比为26.4%，来自事业单位的占比为30.9%，来自政府部门的占比为5.5%。从预测试中被调查者的人口统计学信息可以看出，其分布情况与本书确定的调研对象特征基本是相符的。

本书将运用SPSS 22.0和AMOS 22.0统计分析软件对所获取被调查者的一手数据进行综合分析，在分析之前，先了解获得的数据资料的分布状况（见表4-8）。

从表4-8中的数据中可以看出，真实型领导的各个测量题项得分的平均值集中在3.46~3.81，辱虐型领导各个测量题项得分的平均值集中在2.48~2.65，员工追随行为各个测量题项得分的平均值集中在3.39~4.11，领导认同各个测量题项得分的平均值集中在3.40~3.74，权力距离导向各个测量题项得分的平均值集中在2.63~3.15，领导效能各个测量题项得分的平均值集中在3.62~4.08。

测量题项的偏度值体现了每个题目所获得的分数与每个题目所得到的平均值两者之间的关系。如果测量题项的偏度值为正值，则说明该测量题项所获得的分值大部分分布于平均值的右边；反之，则大部分分布于平均值的左边。在本书中，各个测量题项的偏度值处于-0.695~0.508，其绝对值均小于3。峰度值反映了测量题项得分的差异状况，如果测量题项的峰度值为正值，则说明该测量题项得分的最大值和最小值之间差距较大，比较分散；如果峰度值为负值，则反映出该测量题项得分分布较为平坦。在本书中，各个测量题项的峰度值处于-0.948~0.299，其绝对值均小于7。以上结果说明，预测试回收的样本数据满足研究对偏度和峰度的要求，样本数据符合正态分布。

二、预测试样本信度和效度评价

预测试环节中最重要的工作之一便是进行项目分析，项目分析的主要目的是

表 4 – 8　预测试各测量题项描述性统计

| 变量名称 | 测量条目 | 最小值 | 最大值 | 平均值 | 标准差 | 偏度 | | 峰度 | |
						统计	标准误	统计	标准误
真实型领导	真实型领导 1	1	5	3.63	0.937	-0.412	0.230	-0.080	0.457
	真实型领导 2	1	5	3.55	1.019	-0.258	0.230	-0.411	0.457
	真实型领导 3	1	5	3.48	0.926	-0.052	0.230	-0.509	0.457
	真实型领导 4	1	5	3.68	0.845	-0.451	0.230	0.173	0.457
	真实型领导 5	2	5	3.77	0.831	-0.234	0.230	-0.479	0.457
	真实型领导 6	1	5	3.63	0.937	-0.344	0.230	-0.420	0.457
	真实型领导 7	1	5	3.73	0.908	-0.553	0.230	0.299	0.457
	真实型领导 8	1	5	3.72	0.940	-0.418	0.230	-0.343	0.457
	真实型领导 9	1	5	3.63	0.876	-0.273	0.230	-0.164	0.457
	真实型领导 10	1	5	3.71	0.952	-0.490	0.230	-0.051	0.457
	真实型领导 11	1	5	3.73	0.918	-0.298	0.230	-0.359	0.457
	真实型领导 12	1	5	3.81	0.883	-0.510	0.230	0.066	0.457
	真实型领导 13	1	5	3.73	0.908	-0.328	0.230	-0.277	0.457
	真实型领导 14	1	5	3.46	0.895	-0.123	0.230	-0.024	0.457
辱虐型领导	辱虐型领导 1	1	5	2.57	1.153	0.276	0.230	-0.737	0.457
	辱虐型领导 2	1	5	2.65	1.154	0.184	0.230	-0.818	0.457
	辱虐型领导 3	1	5	2.63	1.180	0.286	0.230	-0.715	0.457

续表

变量名称	测量条目	最小值	最大值	平均值	标准差	偏度		峰度	
						统计	标准误	统计	标准误
辱虐型领导	辱虐型领导4	1	5	2.48	1.163	0.508	0.230	-0.411	0.457
	辱虐型领导5	1	5	2.58	1.199	0.275	0.230	-0.849	0.457
	尊敬学习1	2	5	4.05	0.942	-0.695	0.230	-0.439	0.457
	尊敬学习2	1	5	3.90	0.967	-0.603	0.230	-0.272	0.457
	尊敬学习3	1	5	3.60	0.901	-0.267	0.230	-0.300	0.457
	尊敬学习4	2	5	3.73	0.918	-0.225	0.230	-0.761	0.457
	尊敬学习5	1	5	3.69	0.854	-0.436	0.230	0.115	0.457
	忠诚奉献1	1	5	3.40	0.921	0.121	0.230	-0.463	0.457
	忠诚奉献2	2	5	3.52	0.865	-0.014	0.230	-0.624	0.457
追随行为	忠诚奉献3	1	5	3.72	0.847	-0.159	0.230	-0.126	0.457
	权威维护1	2	5	4.11	0.860	-0.654	0.230	-0.331	0.457
	权威维护2	2	5	3.52	0.798	0.105	0.230	-0.427	0.457
	权威维护3	2	5	4.04	0.812	-0.381	0.230	-0.617	0.457
	权威维护4	1	5	3.39	0.868	0.172	0.230	-0.182	0.457
	意图领会1	2	5	3.62	0.801	-0.177	0.230	-0.365	0.457
	意图领会2	1	5	3.57	0.872	-0.312	0.230	-0.158	0.457
	意图领会3	2	5	3.71	0.871	-0.242	0.230	-0.570	0.457

续表

变量名称	测量条目	最小值	最大值	平均值	标准差	偏度		峰度	
						统计	标准误	统计	标准误
追随行为	有效沟通1	2	5	3.60	0.931	-0.019	0.230	-0.863	0.457
	有效沟通2	2	5	3.77	0.885	-0.264	0.230	-0.640	0.457
	有效沟通3	2	5	3.71	0.902	-0.075	0.230	-0.840	0.457
	有效沟通4	2	5	3.57	0.893	-0.144	0.230	-0.686	0.457
	积极执行1	2	5	3.94	0.860	-0.582	0.230	-0.157	0.457
	积极执行2	2	5	4.08	0.780	-0.499	0.230	-0.235	0.457
领导认同	领导认同1	1	5	3.40	0.921	0.049	0.230	-0.495	0.457
	领导认同2	1	5	3.51	0.916	-0.100	0.230	-0.455	0.457
	领导认同3	1	5	3.59	0.902	-0.163	0.230	-0.353	0.457
	领导认同4	2	5	3.59	0.941	-0.033	0.230	-0.885	0.457
	领导认同5	1	5	3.65	0.944	-0.164	0.230	-0.559	0.457
	领导认同6	1	5	3.74	0.885	-0.263	0.230	-0.234	0.457
权力距离导向	权力距离导向1	1	5	2.63	1.116	0.097	0.230	-0.850	0.457
	权力距离导向2	1	5	3.15	1.082	-0.163	0.230	-0.410	0.457
	权力距离导向3	1	5	2.67	1.189	0.362	0.230	-0.668	0.457
	权力距离导向4	1	5	2.88	1.115	0.035	0.230	-0.699	0.457
	权力距离导向5	1	5	2.71	1.112	0.274	0.230	-0.484	0.457
	权力距离导向6	1	5	2.73	1.133	0.210	0.230	-0.607	0.457

续表

变量名称	测量条目	最小值	最大值	平均值	标准差	偏度		峰度	
						统计	标准误	统计	标准误
	任务绩效1	2	5	4.04	0.856	-0.428	0.230	-0.709	0.457
	任务绩效2	1	5	3.90	0.856	-0.520	0.230	0.203	0.457
	任务绩效3	2	5	3.81	0.807	-0.170	0.230	-0.525	0.457
	任务绩效4	2	5	3.98	0.824	-0.367	0.230	-0.553	0.457
	任务绩效5	2	5	3.88	0.843	-0.146	0.230	-0.857	0.457
	组织公民行为1	2	5	3.72	0.879	0.092	0.230	-0.948	0.457
	组织公民行为2	2	5	4.08	0.768	-0.389	0.230	-0.503	0.457
领导效能	组织公民行为3	2	5	3.95	0.833	-0.381	0.230	-0.480	0.457
	组织公民行为4	2	5	3.88	0.885	-0.411	0.230	-0.540	0.457
	组织公民行为5	2	5	3.85	0.866	-0.231	0.230	-0.732	0.457
	组织公民行为6	2	5	4.00	0.846	-0.370	0.230	-0.699	0.457
	情感承诺1	2	5	3.78	0.861	0.000	0.230	-0.918	0.457
	情感承诺2	2	5	3.62	0.888	0.035	0.230	-0.771	0.457
	情感承诺3	2	5	3.98	0.824	-0.267	0.230	-0.796	0.457
	情感承诺4	2	5	3.92	0.825	-0.244	0.230	-0.679	0.457

对预测试问卷中的各个测量题项进行适切性分析，可以分为质的分析与量的分析两种。质的分析着重于讨论测量题项的内容与形式，而量的分析关注的则是测量题项的难易程度和鉴别度。SPSS 22.0 统计分析软件在可靠性分析菜单中，提供了两个功能：第一个功能是项之间的相关性，它是每一个测量题项与其他测量题项加总后的总分（不包含该题目本身）之间的相关系数，该相关系数有助于辨别某一测量题项与其他测量题项的关联程度。第二个功能是如果项已删除则进行度量，也即删除该测量题项之后计算量表的内部一致性系数，如果删除该测量题项之后，整个量表的内部一致性系数与未删除题项之前相比是增加的，则该测量题项被视为是内部一致性欠佳者。

本书采用更正后项目总数相关（CITC）净化测量题项，利用 Cronbach's α 系数对信度进行检验。本书删除那些 CITC 小于 0.30 且删除后可以提高 Cronbach's α 系数的题项，分析结果如表 4 - 9 至表 4 - 14 所示。

表 4 - 9 的 CITC 和信度分析结果表明，真实型领导量表中的第 3 个测量题项（我的领导想听到对他的核心理念提出挑战的想法）的 CITC 值为 0.453，稍小于 0.5，且删除该题项之后，量表整体的 α 系数有所增加。考虑到真实型领导量表整体的信度系数已经很高，为了遵从量表开发者的原意，不予删除任何测量题项。

表 4 - 9　真实型领导量表 CITC 及信度分析

编号	CITC	平方多重相关	删除该项后的 α 系数	量表整体 α 系数
AL 1	0.684	0.556	0.908	
AL 2	0.647	0.502	0.910	
AL 3	0.453	0.355	0.917	
AL 4	0.737	0.627	0.907	
AL 5	0.542	0.356	0.913	
AL 6	0.666	0.627	0.909	0.916
AL 7	0.627	0.450	0.910	
AL 8	0.748	0.701	0.906	
AL 9	0.561	0.403	0.913	
AL 10	0.584	0.502	0.912	
AL 11	0.670	0.541	0.909	

续表

编号	CITC	平方多重相关	删除该项后的 α 系数	量表整体 α 系数
AL 12	0.630	0.534	0.910	
AL 13	0.729	0.616	0.907	0.916
AL 14	0.579	0.422	0.912	

表 4 – 10 的 CITC 和信度分析结果表明，辱虐型领导量表的 5 个测量题项的 CITC 值均大于 0.5 的推荐标准，且删除任意一个测量题项都会导致量表整体 α 系数下降，因此保留所有测量题项。

表 4 – 10　辱虐型领导量表 CITC 及信度分析

编号	CITC	平方多重相关	删除该项后的 α 系数	量表整体 α 系数
AbL 1	0.817	0.707	0.912	
AbL 2	0.782	0.628	0.919	
AbL 3	0.841	0.725	0.907	0.929
AbL 4	0.835	0.728	0.909	
AbL 5	0.790	0.647	0.917	

表 4 – 11 的 CITC 和信度分析结果表明，员工追随行为量表中的第 1 个测量题项（我敬佩和学习领导在业务、管理等方面的能力）、第 7 个测量题项（为完成领导交办的任务，我会牺牲业余时间，甚至是健康）和第 9 个测量题项（我不会公开同领导唱反调）的 CITC 值小于 0.5，但是大于 0.3，同时删除这 3 个测量题项之后并不会显著提升量表整体的 α 系数，为了保证量表的完整性，本书保留该量表的所有测量题项。

表 4 – 11　员工追随行为量表 CITC 及信度分析

编号	CITC	平方多重相关	删除该项后的 α 系数	量表整体 α 系数
FB 1	0.452	0.433	0.908	
FB 2	0.698	0.561	0.901	0.910
FB 3	0.509	0.427	0.906	

续表

编号	CITC	平方多重相关	删除该项后的 α 系数	量表整体 α 系数
FB 4	0.575	0.512	0.905	
FB 5	0.554	0.447	0.905	
FB 6	0.536	0.514	0.906	
FB 7	0.327	0.401	0.910	
FB 8	0.539	0.403	0.906	
FB 9	0.421	0.429	0.908	
FB 10	0.511	0.465	0.906	
FB 11	0.514	0.449	0.906	
FB 12	0.599	0.524	0.904	
FB 13	0.625	0.536	0.904	0.910
FB 14	0.533	0.451	0.906	
FB 15	0.645	0.552	0.903	
FB 16	0.523	0.455	0.906	
FB 17	0.510	0.516	0.906	
FB 18	0.587	0.526	0.904	
FB 19	0.590	0.542	0.904	
FB 20	0.537	0.429	0.906	
FB 21	0.616	0.588	0.904	

表 4－12 的 CITC 和信度分析结果表明，领导认同量表 6 个测量题项的 CITC 值均大于 0.5 的推荐标准，且删除任意一个测量题项都会导致量表整体的 α 系数下降，因此保留该量表的所有测量题项。

表 4－12　领导认同量表 CITC 及信度分析

编号	CITC	平方多重相关	删除该项后的 α 系数	量表整体 α 系数
LI 1	0.638	0.427	0.823	
LI 2	0.706	0.524	0.810	
LI 3	0.504	0.288	0.847	0.849
LI 4	0.661	0.479	0.818	
LI 5	0.697	0.505	0.811	
LI 6	0.586	0.360	0.832	

表 4 - 13 的 CITC 和信度分析结果表明，权力距离导向量表 6 个测量题项的 CITC 值均大于 0.5 的推荐标准，且删除任意一个测量题项都会导致量表整体的 α 系数下降，因此保留该量表的所有题项。

表 4 - 13　权力距离导向量表 CITC 及信度分析

编号	CITC	平方多重相关	删除该项后的 α 系数	量表整体 α 系数
PDO 1	0.718	0.533	0.849	
PDO 2	0.590	0.419	0.870	
PDO 3	0.737	0.551	0.846	
PDO 4	0.688	0.481	0.854	0.876
PDO 5	0.768	0.596	0.841	
PDO 6	0.590	0.404	0.871	

　　表 4 - 14 的 CITC 和信度分析结果表明，领导效能量表的所有测量题项的 CITC 值均大于 0.5 的推荐标准，且删除任意一个测量题项都会导致量表整体的 α 系数下降，因此保留该量表的所有题项。

表 4 - 14　领导效能量表（任务绩效、组织公民行为和情感承诺）CITC 及信度分析

编号	CITC	平方多重相关	删除该项后的 α 系数	量表整体 α 系数
TP 1	0.694	0.561	0.920	
TP 2	0.589	0.473	0.923	
TP 3	0.581	0.467	0.923	
TP 4	0.704	0.607	0.920	
TP 5	0.627	0.494	0.922	
OCB 1	0.593	0.455	0.923	
OCB 2	0.688	0.574	0.921	0.927
OCB 3	0.609	0.457	0.923	
OCB 4	0.625	0.501	0.922	
OCB 5	0.644	0.531	0.922	
OCB 6	0.656	0.509	0.921	
AC 1	0.715	0.643	0.920	

续表

编号	CITC	平方多重相关	删除该项后的 α 系数	量表整体 α 系数
AC 2	0.600	0.443	0.923	
AC 3	0.714	0.613	0.920	0.927
AC 4	0.707	0.581	0.920	

此外，真实型领导、辱虐型领导、员工追随行为、领导认同、权力距离导向以及领导效能六个变量的 α 系数均大于 0.7 的推荐值，说明本书所选取的量表具有较好的可靠性，由此得到的研究结论是可以信赖的。

三、测量问卷修订

根据预测试分析的结果及问卷调研过程中部分被调查者的反馈状况，结合组织行为学领域相关专家的建议，对初始测量问卷进行修正，主要变动之处包括：第一，打乱了量表中测量题项的顺序，使之随机编排，考虑到辱虐型领导是一个负面的领导行为，对被调查者而言是较为敏感的话题，因此把辱虐型领导的测量题项分散到问卷后半部分；第二，对获取员工个人信息的方式上进行了修改，主要体现在年龄上，预测试样本采用的是被调查者直接填写年龄的方式，但仔细检查回收的问卷发现，很多问卷的年龄部分是空缺的，可能的原因是员工不愿意填写自己的真实年龄。故在正式调查问卷当中，将年龄设置为分段六个区间范围，由被调查者直接进行选择。

本章小结

本章是实证研究的设计环节，在本章中，主要介绍了以下几方面的内容：一是介绍了本书所用量表的选择依据和量表设计的具体过程；二是介绍了实证研究的整个流程和具体使用的统计分析方法；三是介绍了预测试的样本情况以及结合预测试的信度效度分析结果对测量量表的修正情况。

第五章　数据收集与初步数据分析

经过预测试对于测量量表的初步检验，微调题项描述之后，形成正式的调查问卷（见附录2），开始进入正式的施测环节。

第一节　数据收集

本书采用问卷调查法获取研究数据，采用方便抽样方法，正式问卷的派发与回收集中于2016年8月2日至10月23日，历时近三个月。为了保证研究的普适性，本次样本主要来自于大同煤矿集团有限责任公司、首都经济贸易大学在职MBA学生、武夷学院、唐山农商银行、中国民生银行、天津诺信金融集团和首都机场等十多家大型企事业单位，包括煤炭、通信、石油、金融和教育等多个产业类型。被调查者主要来自于北京、山西、河北、福建、内蒙古、山东、河南、新疆和天津等十多个省（自治区、直辖市），具有较高的覆盖率和代表性。本书采用网络问卷和纸本问卷相结合的方式采集样本数据，对于北京、河北和天津距离比较近的企业，笔者联系企业相关负责人，去现场发放问卷，请被试者认真填写后当场回收，并当场对有疑问的地方进行作答。对于距离比较远的其他地区，则采用了邮寄纸质问卷到各单位联络人和问卷星网络收集问卷相结合的方式，请联络人将纸质问卷或者网络问卷链接发给被调查人员，并要求在一天内收回。

本书一共发放纸本问卷600份，回收483份，纸本问卷的回收率为80.50%，问卷星平台回收问卷344份，共计回收问卷827份。在数据录入之前，笔者对问卷进行了仔细排查：①删除个人背景信息部分存在严重缺失的问卷；②删除答案集中，呈现出明显作答规律的问卷；③删除连续多题空缺的问卷。经过检查，删除了113份无效问卷，保留有效问卷714份，问卷的有效回收率为86.34%，李怀祖（2004）指出问卷的回收率如果小于70%，则调查结果的效度便有问题，从数据上看，本书的问卷回收率较高。经过ANOVA分析发现，通过纸本问卷和网络问卷两种途径获得的样本数据在控制变量方面不存在显著差异，说明两种途径获得的数据可以合并起来用于后续的实证分析。

第二节 初步数据分析

一、缺失值处理

对于样本数据中存在的缺失值，本书采用序列均值替代。

二、正态分布检验

本书通过偏度系数（Skewness）和峰度系数（Kurtosis）来判断样本数据的正态性，检验结果如表5-1所示。

表5-1 测量题项的正态性检验结果

变量名称	题项编号	均值	标准差	偏度		峰度	
				统计值	标准误	统计值	标准误
真实型领导	AL 1	3.846	0.938	-0.456	0.091	-0.435	0.183
	AL 2	3.697	0.971	-0.257	0.091	-0.566	0.183
	AL 3	3.503	0.943	-0.099	0.091	-0.596	0.183
	AL 4	3.731	0.901	-0.369	0.091	-0.276	0.183
	AL 5	3.696	0.881	-0.331	0.091	-0.100	0.183
	AL 6	3.812	0.929	-0.409	0.091	-0.574	0.183
	AL 7	3.877	0.933	-0.479	0.091	-0.406	0.183
	AL 8	3.772	0.958	-0.386	0.091	-0.528	0.183

续表

变量名称	题项编号	均值	标准差	偏度		峰度	
				统计值	标准误	统计值	标准误
真实型领导	AL 9	3.647	0.926	−0.180	0.091	−0.623	0.183
	AL 10	3.896	0.911	−0.485	0.091	−0.411	0.183
	AL 11	3.768	0.906	−0.330	0.091	−0.458	0.183
	AL 12	3.964	0.897	−0.537	0.091	−0.330	0.183
	AL 13	3.787	0.931	−0.413	0.091	−0.338	0.183
	AL 14	3.548	0.967	−0.196	0.091	−0.393	0.183
辱虐型领导	AbL 1	2.462	1.192	0.384	0.091	−0.803	0.183
	AbL 2	2.629	1.187	0.249	0.091	−0.797	0.183
	AbL 3	2.524	1.214	0.331	0.091	−0.839	0.183
	AbL 4	2.441	1.168	0.434	0.091	−0.643	0.183
	AbL 5	2.527	1.171	0.298	0.091	−0.838	0.183
员工追随行为	FB 1	4.174	0.867	−0.783	0.091	−0.093	0.183
	FB 2	4.085	0.875	−0.620	0.091	−0.396	0.183
	FB 3	3.695	0.911	−0.019	0.091	−0.873	0.183
	FB 4	3.917	0.916	−0.429	0.091	−0.559	0.183
	FB 5	3.924	0.878	−0.463	0.091	−0.331	0.183
	FB 6	3.567	0.840	0.214	0.091	−0.530	0.183
	FB 7	3.522	0.859	0.223	0.091	−0.665	0.183
	FB 8	3.936	0.868	−0.288	0.091	−0.709	0.183
	FB 9	4.204	0.877	−0.823	0.091	−0.185	0.183
	FB 10	3.639	0.901	−0.067	0.091	−0.540	0.183
	FB 11	4.189	0.815	−0.609	0.091	−0.556	0.183
	FB 12	3.520	0.880	0.083	0.091	−0.374	0.183
	FB 13	3.803	0.827	−0.172	0.091	−0.548	0.183
	FB 14	3.720	0.852	−0.207	0.091	−0.387	0.183
	FB 15	3.819	0.817	−0.245	0.091	−0.418	0.183
	FB 16	3.676	0.927	−0.195	0.091	−0.489	0.183
	FB 17	3.934	0.862	−0.453	0.091	−0.286	0.183
	FB 18	3.805	0.903	−0.271	0.091	−0.556	0.183
	FB 19	3.791	0.914	−0.316	0.091	−0.626	0.183
	FB 20	4.186	0.773	−0.626	0.091	−0.215	0.183
	FB 21	4.231	0.739	−0.626	0.091	−0.168	0.183

续表

变量名称	题项编号	均值	标准差	偏度		峰度	
				统计值	标准误	统计值	标准误
领导认同	LI 1	3.552	1.050	−0.396	0.091	−0.344	0.183
	LI 2	3.480	0.994	−0.277	0.091	−0.300	0.183
	LI 3	3.758	1.026	−0.524	0.091	−0.316	0.183
	LI 4	3.717	1.040	−0.435	0.091	−0.501	0.183
	LI 5	3.752	0.997	−0.475	0.091	−0.283	0.183
	LI 6	3.706	1.030	−0.469	0.091	−0.338	0.183
权力距离导向	PDO 1	2.601	1.133	0.312	0.091	−0.693	0.183
	PDO 2	3.211	1.142	−0.171	0.091	−0.674	0.183
	PDO 3	2.553	1.129	0.384	0.091	−0.567	0.183
	PDO 4	2.784	1.136	0.195	0.091	−0.616	0.183
	PDO 5	2.829	1.151	0.194	0.091	−0.650	0.183
	PDO 6	2.744	1.158	0.272	0.091	−0.657	0.183
任务绩效	TP 1	4.269	0.784	−0.950	0.091	0.707	0.183
	TP 2	4.018	0.819	−0.524	0.091	−0.111	0.183
	TP 3	3.913	0.863	−0.423	0.091	−0.314	0.183
	TP 4	3.987	0.807	−0.506	0.091	0.058	0.183
	TP 5	4.004	0.826	−0.411	0.091	−0.400	0.183
组织公民行为	OCB 1	3.842	0.915	−0.431	0.091	−0.221	0.183
	OCB 2	4.179	0.792	−0.704	0.091	0.129	0.183
	OCB 3	3.954	0.886	−0.444	0.091	−0.510	0.183
	OCB 4	4.062	0.884	−0.597	0.091	−0.439	0.183
	OCB 5	4.039	0.861	−0.485	0.091	−0.556	0.183
	OCB 6	4.161	0.829	−0.663	0.091	−0.342	0.183
情感承诺	AC 1	3.775	0.912	−0.286	0.091	−0.443	0.183
	AC 2	3.745	0.982	−0.229	0.091	−0.814	0.183
	AC 3	4.223	0.813	−0.821	0.091	0.274	0.183
	AC 4	4.108	0.856	−0.625	0.091	−0.289	0.183

注：AL 表示真实型领导、AbL 表示辱虐型领导、FB 表示员工追随行为、LI 表示领导认同、PDO 表示权力距离导向、TP 表示任务绩效、OCB 表示组织公民行为、AC 表示情感承诺。

一般认为偏度系数的绝对值小于 3，峰度系数的绝对值小于 7，样本数据可判定为基本服从正态分布。因此，由表 5-1 可以看出，本书所有题项数据的偏度系数和峰度系数都在可接受范围之内，说明本书数据是服从或近似服从正态分布的，可据此展开下一步统计分析。

三、同源方法偏差检验

同源方法偏差指的是因为同样的数据来源或评分者、同样的测量环境、项目语境以及项目本身特征所造成的预测变量与效标变量之间人为的共变。由于本书涉及的主要研究变量（真实型领导、辱虐型领导、追随行为、领导认同、权力距离导向和领导效能）的数据收集来源相同，因此，不能排除同源方法偏差对研究结果的干扰（周浩、龙立荣，2004）。为了检验同源方法偏差对研究的影响程度，本书依照已有研究的常用做法，采用了调查前预防、调查中控制和调查后检验的方法来全程降低同源方法偏差的影响。

就调查前预防而言，主要通过严谨的研究设计程序来预防同源方法偏差的产生：第一，保持测量题项的简单、具体和简洁，避免模棱两可的问题，保持单维性。第二，在问卷设计时完全随机打乱题项顺序，采用网络问卷和纸本问卷相结合的方式回收问卷。第三，在问卷首页的说明部分标注"本调研仅作为学术研究之用，匿名填写，答案无对错之分，严格保密"等作答信息，保护被调查者的匿名性、减小对测量目的的猜度，以在一定程度上降低被调查者的心理疑虑。

就调查中控制而言，现场发放问卷时再次向被调查人员重申本次调研的匿名性，告知被调查者本书将对调查结果完全保密，以减少被调查者的填答顾虑，被调查者可以针对填答时遇到的问题随时向问卷发放人员进行提问和咨询。

就调查后检验而言，采用已被实证研究广泛接受的 Harman's 单因子检验法（Harman's One Factor Test）来进行同源方法偏差的检验。这种技术的基本假设是：如果方法变异大量存在，进行因素分析时，要么析出一个单独因子，要么一个公因子解释了大部分变量变异。具体做法是将所有变量的测量题项放入一个探索性因子分析中，使用未经旋转的主成分分析方法，如果只抽取出一个因子或者某一个因子解释了大部分的方差变异，则说明存在严重的共同方法偏差。具体到本书，Harman's 单因子检验的结果显示，所有测量题项共提取到 9 个未经过旋转的特征值大于 1 的因子，共解释了 57.52% 的变异量，且不存在单一因子解释大部分方差的情况，据此认为本书数据不存在严重的共同方法偏差问题，共同方法偏差不会对统计分析结果产生严重的影响，由此得出的研究结论是可以信赖的。

四、样本容量

为了确保研究结果的准确性，问卷调查法要求样本具备随机化、代表性与足够的数量。换句话说，调查研究的样本应能完全反映总群体的各种特性（如人口学特征），所收集得到的统计数据才能据以推估到总体，除了以随机样本的方法来避免系统化的偏差，样本的代表性必须通过严谨的抽样设计与确实的执行来确保。此外，根据抽样的统计原理，样本数量足够大，抽样误差才会越小。

本书主要采用验证性因子分析、层级回归分析和路径分析等方法来进行量表检验和研究假设的验证，这就需要足够的样本量，但样本量具体多大才算合适？已有文献中给出的建议也十分模糊，学者们尚未完全达成共识。理论界一个公认的结论是，对于结构方程模型分析而言，样本容量越大越好（邱皓政和林碧芳，2009）。吴明隆（2009）也认为，一般而言，大于 200 以上的样本量才可以称得上是一个中型的样本，若要追求稳定的结构方程模型分析结果，受试样本数最好在 200 以上，但是在结构方程模型适配度检验中，较大的受试样本将会导致卡方统计量达到显著，假设模型被拒绝的机会也将会增大，大部分的结构方程模型样本数介于 200～500。具体而言，有学者认为，样本量的大小，要满足测量题项数目和被调查者数量的比例保持在 1∶5 以上，最大达到 1∶10。总的来说，样本容量的确定应该与测量指标数目、自由估计参数数目有关，样本数量过小将会导致结构方程分析缺乏稳定性，使结构方程分析结果信度降低；而过大的样本量也会导致运用一些模型拟合指数的判断变得不够准确，例如，验证性因子分析中的卡方自由度比值。综合学者的不同观点，本书将按照如下原则确定样本容量：样本容量与测量项目的比例控制在 1∶5～1∶10 之间。本书研究采用的调查问卷的测量题项为 88 个，因此正式测试的样本容量应该在 440～880 份。本书实际收集有效问卷数为 714 份，满足研究对于样本量的需求。

第三节 问卷信度和效度检验

任何研究方法都要确保调查数据的可信性和有效性，定量研究方法以严格的信度和效度而著称。信度是指测量数据的可靠性和稳定性，而效度则涉及测量数据的真实性和准确性。信度和效度在定量研究中占有十分重要的地位，因为定量研究的质量主要取决于所收集数据的信度和效度，而定量研究缺乏信度和效度无异于缘木求鱼。

一、问卷信度检验

在李克特态度量表中，常用的内部一致性信度的检验方法是 Cronbach's α 系数。若所得 Cronbach's α 系数值较高，表示各测量指标的内部一致性（internal consistence）较高，Cronbach's α 系数最好要高于 0.7。本书通过 SPSS 22.0 中的可靠性分析对真实型领导、辱虐型领导、追随行为、领导认同、权力距离导向和领导效能六个测量量表进行 Cronbach's α 信度检验。

表 5-2 显示了各量表及各变量分维度的 Cronbach's α 系数，可以看出，除忠诚奉献量表的 Cronbach's α 系数（0.667）稍低于 0.70 之外，其余量表的 Cronbach's α 系数均高于 0.70 的推荐值标准，说明所使用的量表用于测量对应的潜变量是合理且可靠的，大样本调查工具的一致性和稳定性较高，量表可以用作进一步的实证研究。吴明隆（2010）认为分维度量表的内部一致性系数要在 0.5 以上，最好能高于 0.6，因此，忠诚奉献测量量表的信度系数为 0.667，可以继续进行后续的实证研究（吴明隆，2010）。

表 5-2 信度分析结果

各量表及维度名称	题项数目	Cronbach's α 系数	整体 α 系数
真实型领导	14	0.925	
辱虐型领导	5	0.904	

续表

各量表及维度名称		题项数目	Cronbach's α 系数	整体 α 系数
追随行为	尊敬学习行为	5	0.795	0.921
	忠诚奉献行为	3	0.667	
	权威维护行为	4	0.712	
	意图领会行为	3	0.752	
	有效沟通行为	4	0.772	
	积极执行行为	2	0.748	
领导认同		6	0.887	
权力距离导向		6	0.840	
领导效能	任务绩效	5	0.841	0.927
	组织公民行为	6	0.842	
	情感承诺	4	0.768	

二、问卷效度检验

效度是一个测量对其所要测量的特性测量到什么程度的估计。"可以说，测验的效度乃是对测验本身的测验，即测验的结果对其所要完成的目标能达到何种有效的程度。"本书将着重考察量表的内容效度和构念效度（Construct Validity），而量表的构念效度又由聚合效度（Covergent Validity）和区分效度（Discriminant Validity）两部分组成。

（一）内容效度检验

内容效度考察的是量表与测量主题的契合程度，对内容效度的判断无法通过统计分析的手段来实现，更多的是靠研究者对于构念内涵、内容及题项语义方面的主观衡量和判断。研究者认为如果能够确保测量题项有科学的来源依据，那么量表就具备了内容效度。

首先，本书所采用的关于真实型领导、辱虐型领导、领导认同、权力距离导向和领导效能的测量量表均是结合本研究需要，有选择地直接引用被理论界广泛使用的、具有良好心理测量特性的成熟量表，并优先采用与本书研究背景相适应的成熟中文量表，以满足在中国情境下的研究；因为本书借鉴的员工追随行为量表（周文杰等，2015），从发表至今尚未有实证研究对其进行过检验，属于较新的测量工具，笔者邀请了组织行为学研究领域的两名副教授以及两名有工作经验的博士研究生对员工追随行为的每一个测量题项进行评价，四人均认为这些测量题项确实是属于员工追随行为的内容。

其次，本书在初步形成问卷之后，广泛征询具有工作经验的企业经营管理者、企业员工和组织行为研究者的建议和意见，通过反复斟酌他们的反馈和评价，对各个测量项目的具体内容与表述做了进一步修正，使量表更加容易理解，以实现测量项目表述更加清晰明确。

最后，在正式的大样本调研之前，先对问卷进行了预测试，对预测试数据通过 CITC 与 Cronbach's α 系数对测量题项加以净化，依据预测试分析结果再次对问卷进行了相应修订，最终形成正式调研所使用的正式量表。由此可见，本书所采用的量表涵盖了所要测量的内容，测量条目清晰，具有较好的内容效度。

（二）构念效度检验

构念效度由聚合效度（Covergent Validity）和区分效度（Discriminant Validity）两个部分组成。第一，聚合效度又称为收敛效度，衡量的是不同的测量题项可否用来测量同一个变量。聚合效度可以通过载荷系数和平均方差提取值（Average Variance Extracted，AVE）两个方面来衡量，AVE 表示测量题项能够解释构念的比重，数值越大代表比重越高，一般以 0.5 作为阈值，大于 0.5 则表明测量具有较好的聚合效度。第二，区分效度是指一个构思所代表的潜在特质与其他构思所代表的潜在特质之间存在显著的差异。

对于区分效度的检验，主要有两种方法：一是采用验证性因子分析，将两个不同构念的观察变量合并起来作为一个构念，与将两个不同构念的观察变量聚在对应构念上的模型进行比较。二是比较两个构念的平均方差提取值（AVE）和两个构念之间的相关系数的平方。如果 AVE 大于相关系数的平方，则证明这两个构念之间具有良好的区分效度。

首先，检验本书所涉及主要研究变量的聚合效度。在检验之前，做了如下前期处理：第一，考虑到真实型领导的测量题项较多，会在很大程度上影响拟合指数的有效性，因此，遵照 Williams 等（2009）的处理方法，按照题项-构念平衡法（Item－to－Construct－Balance Approach）将真实型领导的 14 个测量题项打包（parcel）为 5 个测量指标，标记为 AL 1 ～ AL 5。第二，将追随行为量表的 6 个分维度作为 6 个测量指标，标记为 FB 1 ～ FB 6。第三，将领导效能量表的 3 个分维度作为 3 个测量指标，分别标记为 TP、OCB 和 AC。聚合效度检验结果如表 5 - 3 所示。

表 5 - 3　各主要研究变量的聚合效度检验

构念名称	指标	载荷系数	AVE	构念名称	指标	载荷系数	AVE
真实型领导	AL 1	0.667	0.580	权力距离导向	PDO 1	0.801	0.531
	AL 2	0.776			PDO 2	0.595	
	AL 3	0.797			PDO 3	0.782	
	AL 4	0.787			PDO 4	0.726	
	AL 5	0.773			PDO 5	0.704	
辱虐型领导	AbL 1	0.802	0.702		PDO 6	0.743	
	AbL 2	0.843		领导认同	LI 1	0.774	0.514
	AbL 3	0.861			LI 2	0.714	
	AbL 4	0.854			LI 3	0.590	
	AbL 5	0.827			LI 4	0.728	
追随行为	FB 1	0.606	0.430		LI 5	0.746	
	FB 2	0.654			LI 6	0.733	
	FB 3	0.659		领导效能	TP	0.731	0.465
	FB 4	0.704			OCB	0.687	
	FB 5	0.632			AC	0.623	
	FB 6	0.673					

　　表 5 - 3 显示：一方面，每个变量的测量题项的标准化因子载荷系数都在 0.590 以上，比较理想。另一方面，员工追随行为和领导效能的平均方差提取值（AVE）大于 0.43，稍小于 0.5，除此之外，其他四个变量的平均方差提取值（AVE）均大于 0.5 的推荐值，说明变量具有良好的聚合效度。以上结果表明，本书研究所使用的各个变量都具有良好的聚合效度。

　　其次，检验变量之间的区分效度。本书采用 AMOS 22.0 统计分析软件，通过验证性因子分析（Confirmatory Factor Analyses，CFA）来再次检验真实型领导、辱虐型领导、员工追随行为、领导认同、权力距离导向和领导效能六个关键变量之间的区分效度。同样地，考虑到部分变量的测量题项较多，会在很大程度上影响拟合指数的有效性。因此，遵循以往研究的处理方式用员工追随行为的六个子维度分数和领导效能的三个子维度分数分别作为其测量指标，同时按照题项-构念平衡法将真实型领导的题项打包为五个测量指标，接着再进行验证性因子分析。在进行结构方程模型分析时，变量组合策略（Item Parceling）常被用于简化测量模型。参考以往研究的做法，选择卡方值（χ^2）与自由度（df）之比（χ^2/df）、规范拟合指数（Normal Fit Index，NFI）、比较拟合指标（Comparative Fit Index，CFI）、良性拟合指标（Goodness of Fitness Index，GFI）、IFI（Incremental Fit Index）、非标准拟合指标（Tucker－Lewis Index，TLI）和近似误差均方根（Root Mean Square Error of Approximation，RMSEA）共7个指标来考察模型的拟合情况。根据 Medsker 等学者的建议标准（见表5-4），χ^2/df 大于10表示模型拟合效果较差，小于5表示可以接受，小于3表示拟合效果较好；NFI、CFI、GFI、IFI 和 TLI 大于0.9，则表示拟合效果较好，越接近1表示拟合效果越理想；RMSEA 应在0和1之间，越接近0表示拟合效果越理想。

表5-4　模型拟合度的评价指标及标准

拟合指标	χ^2/df	GFI	RMSEA	TLI	IFI	NFI	CFI
评价标准	<3	>0.9	<0.08	>0.9	>0.9	>0.9	>0.9

本书将六个变量相互独立设置为基准模型（六因子模型），除此之外，还构建了竞争模型与假设的六因子模型进行拟合指数的比较，具体做法如下：将真实型领导和辱虐型领导的测量题项指定在一个潜变量上，形成五因子模型；将真实型领导和辱虐型领导的测量题项指定在一个潜变量上，将员工追随行为和领导效能的测量题项指定在同一个潜变量上，形成四因子模型；将真实型领导、辱虐型领导、员工追随行为和领导效能的测量题项指定在同一个潜变量上，形成三因子模型；将真实型领导、辱虐型领导、员工追随行为、领导效能和领导认同的测量题项指定在同一个潜变量上，形成二因子模型；将所有变量的测量题项指定在一个潜变量上，形成单因子模型。

表5-5显示了假设的基准模型（六因子模型）以及其他五种竞争模型的拟合效果，结果表明，六因子模型的各项拟合指标均达到推荐的标准，能够更好地

契合样本数据，而其他五种竞争模型的契合效果都明显较差，均不能达到模型拟合的要求，与六因子模型之间差异显著，因此该结果有力地支持了各研究变量之间具有良好的区分效度，即六个研究变量在测量上是可以有效区分的。

表 5 - 5　验证性因子分析结果（N = 714）

模型	χ^2/df	GFI	NFI	IFI	TLI	CFI	RMSEA
六因子模型	2.537	0.910	0.926	0.954	0.949	0.954	0.045
五因子模型	7.576	0.713	0.777	0.801	0.781	0.800	0.096
四因子模型	8.504	0.685	0.748	0.770	0.750	0.770	0.103
三因子模型	10.030	0.642	0.700	0.722	0.699	0.721	0.113
二因子模型	11.270	0.610	0.662	0.682	0.658	0.681	0.120
单因子模型	14.193	0.525	0.573	0.591	0.560	0.590	0.136

注：六因子模型是指真实型领导、辱虐型领导、员工追随行为、领导认同、权力距离导向和领导效能；五因子模型是指真实型领导 + 辱虐型领导、员工追随行为、领导认同、权力距离导向和领导效能；四因子模型是指真实型领导 + 辱虐型领导、员工追随行为 + 领导效能、领导认同、权力距离导向；三因子模型是指真实型领导 + 辱虐型领导 + 员工追随行为 + 领导效能、领导认同、权力距离导向；二因子模型是指真实型领导 + 辱虐型领导 + 员工追随行为 + 领导效能 + 领导认同、权力距离导向；单因子模型是指真实型领导 + 辱虐型领导 + 员工追随行为 + 领导效能 + 领导认同 + 权力距离导向。其中，" + "代表两个因子合并为一个因子。

综上所述，表 5 - 3 至表 5 - 5 的分析结果表明，本书所使用的六个研究变量具有较好的聚合效度和区分效度，也即具有良好的构念效度，测量的确可以反映拟要测量的构念。

第四节　描述性统计分析和相关性分析

一、人口统计学信息

（一）性别

本书的样本总数是 714 份，从被调查者的性别分布来看，男性有 300 人，占样本总数的 42.0%，女性有 414 人，占样本总数的 58.0%（见表 5 - 6）。

表 5 - 6　被调查者的性别分布

性别	频数（人）	有效百分比（%）	累计百分比（%）	标准差
男性	300	42.0	42.0	
女性	414	58.0	100.0	0.494
总计	714	100.0	100.0	

（二）年龄

本书将年龄划分为六个阶段：25 岁及以下的有 167 人，占样本总数的 23.4%；26～30 岁的有 285 人，占样本总数的 39.9%；31～35 岁的有 132 人，占样本总数的 18.5%；36～40 岁的有 70 人，占样本总数的 9.8%；41～45 岁的有 45 人，占样本总数的 6.3%；46 岁及以上的有 15 人，占样本总数的 2.1%（见表 5 - 7）。由被调查者年龄的分布情况来看，81.8% 的被调查者在 35 岁以下，这刚好与被调查企业的实际情况相符合。

表 5 - 7　被调查者的年龄分布

年龄	频数（人）	有效百分比（%）	累计百分比（%）
25 岁及以下	167	23.4	23.4
26～30 岁	285	39.9	63.3
31～35 岁	132	18.5	81.8
36～40 岁	70	9.8	91.6
41～45 岁	45	6.3	97.9
46 岁及以上	15	2.1	100.0
总计	714	100.0	100.0

（三）婚姻状况

本书将婚姻状况分为已婚和未婚两个类别，被调查者中已婚人士有 384 人，占样本总数的 53.8%；未婚人士有 330 人，占样本总数的 46.2%（见表 5 - 8）。

表 5 - 8　被调查者的婚姻状况分布

婚姻状况	频数（人）	有效百分比（％）	累计百分比（％）
已婚	384	53.8	53.8
未婚	330	46.2	100.0
总计	714	100.0	100.0

（四）受教育程度

根据以往研究，笔者将被调查者的受教育程度分为五个类别：高中及以下有88人，占样本总数的12.3％；大专有161人，占样本总数的22.5％；大学本科有295人，占样本总数的41.3％；硕士研究生有139人，占样本总数的19.5％；博士研究生有31人，占样本总数的4.3％（见表5-9）。

表 5 - 9　被调查者的受教育程度分布

教育程度	频数（人）	有效百分比（％）	累计百分比（％）
高中及以下	88	12.3	12.3
大专	161	22.5	34.9
大学本科	295	41.3	76.2
硕士研究生	139	19.5	95.7
博士研究生	31	4.3	100.0
总计	714	100.0	100.0

（五）与目前的直接领导共事时间

与目前直接领导共事时间分为五个类别：共事1年以内有264人，占样本总数的37％；共事1~2年有193人，占样本总数的27％；共事3~5年有156人，占样本总数的21.8％；共事5~10年有59人，占样本总数的8.3％；共事10年以上有42人，占样本总数的5.9％（见表5-10）。

（六）所在单位性质

参照已有实证研究的做法将单位性质分为五个类别：国有企业有247人，占样本总数的34.6％；外资企业有50人，占样本总数的7.0％；民营企业有214人，占样本总数的30.0％；事业单位有142人，占样本总数的19.9％；政府部门有43人，占样本总数的6.0％（见表5-11）。

表5-10　被调查者与直接领导共事时间分布

共事时间	频数（人）	有效百分比（%）	累计百分比（%）
1年以内	264	37.0	37.0
1~2年	193	27.0	64.0
3~5年	156	21.8	85.9
5~10年	59	8.3	94.1
10年以上	42	5.9	100.0
总计	714	100.0	100.0

表5-11　被调查者所在单位性质分布

单位性质	频数（人）	有效百分比（%）	累计百分比（%）
国有企业	247	34.6	34.6
外资企业	50	7.0	41.6
民营企业	214	30.0	71.6
事业单位	142	19.9	91.5
政府部门	43	6.0	97.5
其他	18	2.5	100.0
总计	714	100.0	100.0

二、描述性统计和相关性分析

描述性统计分析主要是对于样本数据分布的描述，常用的评价指标有均值和标准差，其中均值反映了数据的集中程度，而标准差反映了数据的离散程度。相关性分析是指对两个变量之间的关联程度进行分析，表示的是两个变量变化的方向和变化的大小方面存在的关系，是一种常用于研究变量之间密切程度的统计方法。相关系数 r 为正值表示两个变量之间是正相关关系，r 为负值表示两个变量之间是负相关关系。r 的绝对值越接近于1，表示两个变量之间的相关程度越密切，r 的绝对值越接近于0表示相关程度越低。当两个变量之间的相关系数显著时，可以从相关系数绝对值的大小来判断两个变量相互关联的程度。一般的判别标准是：$|r|$ 小于0.4，表示两个变量之间有低度相关关系；$|r|$ 介于0.4~0.7，表示两个变量之间有中度相关关系；$|r|$ 大于0.7，则表示两个变量之间

有高度相关关系。本书利用 SPSS 22.0 统计软件计算变量之间的 Person 相关系数，考察变量之间的联系的紧密程度，相关性分析结果如表 5 - 12 所示。

表 5 - 12　各主要研究变量的均值、标准差、相关系数和信度系数（N = 714）

研究变量	1	2	3	4	5	6	7	8	9
真实型领导	(0.925)								
辱虐型领导	- 0.151 **	(0.904)							
追随行为	0.734 **	- 0.136 **	(0.921)						
领导认同	0.650 **	- 0.080 *	0.674 **	(0.887)					
权力距离导向	0.215 **	0.265 **	0.284 **	0.262 **	(0.840)				
领导效能	0.613 **	- 0.134 **	0.716 **	0.659 **	0.134 **	(0.926)			
任务绩效	0.554 **	- 0.141 **	0.641 **	0.566 **	0.102 **	0.904 **	(0.841)		
组织公民行为	0.540 **	- 0.102 **	0.653 **	0.601 **	0.130 **	0.935 **	0.747 **	(0.842)	
组织承诺	0.603 **	- 0.131 **	0.681 **	0.653 **	0.138 **	0.907 **	0.743 **	0.786 **	(0.768)
均值（Mean）	3.753	2.517	3.873	3.661	2.787	4.019	4.038	4.039	3.963
标准差（SD）	0.660	1.009	0.538	0.818	0.851	0.600	0.641	0.644	0.686

注：** 表示在 1% 水平（双侧）上显著相关，* 表示在 5% 水平（双侧）上显著相关；对角线括号内加粗数字为量表的内部一致性信度。

由表 5 - 12 可知：

（1）真实型领导与员工追随行为呈显著正相关（r = 0.734，p < 0.01）、辱虐型领导与员工追随行为呈显著负相关（r = - 0.136，p < 0.01）。以上相关性结果为后续验证假设 1 和假设 2 提供了初步证据。

（2）真实型领导与领导认同呈显著正相关（r = 0.650，p < 0.01）、辱虐型领导与领导认同呈显著负相关（r = - 0.080，p < 0.05）。以上相关性结果为后续验证假设 3 和假设 4 提供了初步证据。

（3）员工对领导认同与员工追随行为呈显著正相关（r = 0.674，p < 0.05），该相关性结果为后续验证假设 5 至假设 7 提供了初步证据。

（4）真实型领导与领导效能呈显著正相关（r = 0.613，p < 0.01），且与三个具体指标均呈正相关，即与任务绩效（r = 0.554，p < 0.01）、组织公民行为（r = 0.540，p < 0.01）和情感承诺（r = 0.603，p < 0.01）均呈现出正相关关系。以

上相关性结果为后续验证假设 12 提供了初步证据。

辱虐型领导与领导效能呈显著负相关（r = -0.134，p < 0.01），且与三个具体指标均呈负相关，即与任务绩效（r = -0.141，p < 0.01）、组织公民行为（r = -0.102，p < 0.01）和情感承诺（r = -0.131，p < 0.01）均呈现出显著负相关关系。以上相关性结果为后续验证假设 13 提供了初步证据。

（5）员工追随行为与领导效能呈显著正相关（r = 0.716，p < 0.01），且与三个具体指标均呈正相关，即与任务绩效（r = 0.641，p < 0.01）、组织公民行为（r = 0.653，p < 0.01）和情感承诺（r = 0.681，p < 0.01）均呈现出正相关关系。以上相关性结果为后续验证假设 14 和假设 15 提供了初步证据。

接下来将通过层次回归法（Hierarchical Regression）和路径分析法进一步检验真实型领导、辱虐型领导对员工追随行为和领导效能的直接效应，领导认同和员工追随行为的中介作用，以及权力距离导向的调节作用。

本章小结

本章主要关注数据的收集和评估过程，具体包含四个方面的内容。

其一，在数据收集部分，详细介绍了问卷调研起止时间、被调查者来源、调查问卷发放与回收方式等内容。

其二，在初步数据分析部分，介绍了缺失值处理、正态性检验、同源方法偏差检验和样本容量的基本情况。对于样本中存在的缺失值，采用均值替换法加以补充；采用偏度系数和峰度系数两个指标来衡量样本数据的正态性，结果显示样本数据符合正态分布，可以进行接下来的一系列实证分析；采用 Harman's 单因子检验法来评估样本数据的同源方法偏差的严重性，结果表明，不存在严重的同源方法偏差，因此，由此数据得到的结论是可以信赖的；按照样本容量与测量题项比例控制在 1∶5 ~ 1∶10 之间的标准，本书将样本量控制在 440 ~ 880 份。

其三，在信度和效度检验部分，通过 SPSS 22.0 统计分析软件，计算内部一致性系数，结果显示，6 个主要研究变量的信度均大于 0.7 的推荐标准；效度检验部分关注内容效度和构念效度，构念效度又具体分为聚合效度和区分效度，结果显示，研究变量具有较好的内容效度和构念效度。

其四，描述性统计分析和相关性分析部分，主要介绍了人口统计学信息的分布情况以及各个主要研究变量之间相关程度，结果表明，人口统计学信息分布合理，且各主要研究变量之间均存在显著的相关关系，这为后续验证在第三章所提出的 15 个研究假设提供了初步的证据。

第六章　领导风格对追随行为影响机制的实证检验

第一节　真实型领导、辱虐型领导对员工追随行为的直接效应检验

在用714份问卷调查数据验证研究假设之前，需要先对真实型领导、辱虐型领导和员工追随行为这几个研究变量进行相应的处理。由于这些研究变量都是不可观测的潜变量，所以参照已有实证研究的做法，将每一个变量测量题项得分的均值作为潜变量的值，后续的变量赋值均采用此种方法来处理。对于员工追随行为，通过二阶验证性因子分析发现，追随行为的二阶六维度模型拟合指数明显优于一阶六因子模型和一阶单因子模型，故在后续研究中将追随行为作为多维高阶构念予以分析处理。

接下来，利用层级回归分析法对真实型领导和辱虐型领导作用于员工追随行为的主效应进行检验，结果如表6－1所示。

由表6－1可知，在模型2（M2）中，当控制了控制变量（年龄、性别、婚否、教育程度、与领导共事时间和单位性质）对员工追随行为的影响作用之后，真实型领导显著正向影响员工追随行为（M2：$\beta = 0.714$，$p < 0.001$），研究假设1（真实型领导对员工的追随行为有显著的正向影响）得到样本数据的支持。在模型4（M4）中，辱虐型领导显著负向影响员工追随行为（M4：$\beta = -0.159$， p＜0.001），研究假设2（辱虐型领导对员工的追随行为有显著的负向影响）得到样本数据的支持。

表6-1　真实型领导和辱虐型领导对员工追随行为的直接影响效应

变量	M1		M2		M3		M4	
	β	Sig.	β	Sig.	β	Sig.	β	Sig.
年龄	0.086	0.084	0.097	0.004	0.086	0.084	0.076	0.124
性别	－0.107	0.004	－0.051	0.048	－0.107	0.004	－0.118	0.001
婚否	0.015	0.739	0.012	0.694	0.015	0.739	0.015	0.745
教育程度	－0.097	0.009	－0.044	0.087	－0.097	0.009	－0.114	0.002
共事时间	0.040	0.350	0.035	0.237	0.04	0.35	0.053	0.213
单位性质	－0.156	0.000	－0.072	0.004	－0.156	0.000	－0.151	0.000
真实型领导			0.714	0.000				
辱虐型领导							－0.159	0.000
R^2	0.072		0.566		0.072		0.097	
ΔR^2			0.494	0.000			0.025	0.000
F	9.140	0.000	131.563	0.000	9.140	0.000	10.795	0.000

注：β 是标准化回归系数；Sig. 值是显著性值。

第二节　领导认同的中介效应检验

本书认为领导认同在真实型领导和辱虐型领导影响员工追随行为的过程中发挥了传递作用，即领导认同在真实型领导、辱虐型领导与员工追随行为的关系间发挥了中介效应，接下来将借助 SPSS 22.0 和 AMOS 22.0 统计分析软件，通过层级回归分析和路径分析来验证这两个假设。

一、真实型领导、辱虐型领导对领导认同的直接效应检验

中介效应成立的前提之一是自变量对中介变量的影响达到显著水平，本书利

用层级回归分析法来检验真实型领导和辱虐型领导对领导认同的直接影响效应，层级回归结果如表6－2所示。

表6－2　真实型领导和辱虐型领导对领导认同的直接影响效应

变量	M1		M2		M3	
	β	Sig.	β	Sig.	β	Sig.
年龄	− 0.021	0.670	− 0.012	0.763	− 0.029	0.570
性别	− 0.103	0.007	− 0.053	0.070	− 0.110	0.004
婚否	− 0.004	0.934	− 0.006	0.856	− 0.004	0.927
教育程度	− 0.120	0.001	− 0.073	0.012	− 0.132	0.000
共事时间	0.077	0.078	0.073	0.032	0.086	0.049
单位性质	− 0.083	0.027	− 0.008	0.784	− 0.079	0.034
真实型领导			0.636	0.000		
辱虐型领导					− 0.107	0.004
R^2	0.046		0.438		0.057	
ΔR^2			0.392	0.000	0.011	0.004
F	5.682	0.000	78.627	0.000	6.128	0.000

注：β 是标准化回归系数；Sig. 值是显著性值。

由表6－2可知，在模型2（M2）中，当控制了控制变量（年龄、性别、婚否、受教育程度、与领导共事时间和单位性质）的作用之后，真实型领导显著正向影响员工对领导认同（M2：$\beta = 0.636$，$p < 0.001$），研究假设3（真实型领导对领导认同有显著的正向影响）得到样本数据支持。在模型3（M3）中，辱虐型领导显著负向影响员工对领导认同（M3：$\beta = -0.107$，$p < 0.01$），研究假设4（辱虐型领导对领导认同有显著的负向影响）得到样本数据支持。

二、领导认同在真实型领导与员工追随行为间的中介效应检验

采用结构方程模型的路径分析法来检验在真实型领导与员工追随行为关系之间，领导认同所发挥的中介效应。首先，构建完全中介效应和部分中介效应两个模型，考察这两个模型的拟合指数是否达到要求，以验证中介效应是否存在；接着，再探讨具体的路径系数。分析结果如表6－3所示。其中，完全中介效应模

型路径是指从真实型领导到领导认同，再从领导认同到员工追随行为，该模型并不包含直接从真实型领导到员工追随行为这一条路径。部分中介效应模型包含两条作用路径：其一，真实型领导直接作用于员工追随行为；其二，从真实型领导到领导认同，再从领导认同到员工追随行为。

表6-3　领导认同在真实型领导与员工追随行为间的中介效应模型拟合指数

模型	χ^2/df	GFI	NFI	IFI	TLI	CFI	RMSEA
完全中介模型	3.156	0.934	0.946	0.962	0.957	0.962	0.055
部分中介模型	2.168	0.953	0.963	0.980	0.977	0.980	0.040

注：完全中介模型是指 AL→LI→FB；部分中介模型是指 AL→FB 和 AL→LI→FB。AL 表示真实型领导；FB 表示员工追随行为；LI 表示领导认同；"→" 表示作用方向。

与在信度检验部分的做法类似，本书依然选择 χ^2/df、NFI、CFI、GFI、IFI、TLI 和 RMSEA 共七个拟合指标来评估中介效应模型的拟合情况。根据 Medsker 等学者的建议标准，当 χ^2/df 小于 3 时表明模型拟合效果较好；NFI、CFI、GFI、IFI 和 TLI 大于 0.9，表明拟合效果较好，越接近于 1 则表明模型的拟合效果越理想；RMSEA 在 0~1，表明拟合效果较好，越接近于 0 则表明模型的拟合效果越理想。

表6-3 结果显示，在完全中介效应模型中，卡方与自由度的比值（χ^2/df）为 3.156，RMSEA 的值为 0.055，GFI 的值为 0.934，NFI 的值为 0.946，CFI 的值为 0.962，IFI 的值为 0.962，TLI 的值为 0.957。在部分中介效应模型中，χ^2/df 为 2.168，RMSEA 的值为 0.040，GFI 的值为 0.953，NFI 的值为 0.963，CFI 的值为 0.980，IFI 的值为 0.980，TLI 的值为 0.977。由此可知，完全中介效应模型和部分中介效应模型的各个拟合指标均达到可以接受的水平，但相比较而言，部分中介效应模型的拟合结果优于完全中介效应模型，基于模型简化原则，本书认为在真实型领导与员工追随行为的关系间，领导认同发挥了部分中介效应。

接着对部分中介作用模型中涉及的各个路径系数进行显著性检验，检验结果整理于表6-4中。

表 6-4　真实型领导、领导认同与员工追随行为关系的路径系数

路径	非标准化回归系数	标准误	C. R.	p	标准化路径系数
真实型领导→领导认同	0.865	0.054	16.142	***	0.713
真实型领导→追随行为	0.461	0.038	12.044	***	0.539
领导认同→追随行为	0.263	0.031	8.575	***	0.373

注：→表示作用方向。p 列表示显著性水平，＊表示在 5% 水平上显著，＊＊表示在 1% 水平上显著，＊＊＊表示在 0.1% 的水平上显著。

由表 6-4 可知，真实型领导作用于员工对领导认同的路径系数值为 0.713（p < 0.001），再次验证了假设 3（真实型领导对领导认同有显著的正向影响）成立；领导认同作用于员工追随行为的路径系数值为 0.373（p < 0.001），该结果验证了假设 5（领导认同对员工追随行为有显著的正向影响）是成立的；真实型领导作用于员工追随行为的路径系数值为 0.539（p < 0.001）。至此，假设 6（领导认同在真实型领导与员工追随行为间发挥中介效应）得到了调查样本数据的支持。

三、领导认同在辱虐型领导与员工追随行为间的中介效应检验

本小节验证在辱虐型领导与员工追随行为关系之间，领导认同所发挥的中介效应，验证过程与前文中的验证过程类似，表 6-5 列示了完全中介效应模型和部分中介效应模型的拟合指数比较结果。其中，完全中介效应模型中的路径是指从辱虐型领导到领导认同，再从领导认同到员工追随行为，该模型并不包含从辱虐型领导直接到员工追随行为这一条路径。部分中介效应模型包含两条作用路径：其一，从辱虐型领导直接作用于员工追随行为；其二，从辱虐型领导到领导认同，再从领导认同到员工追随行为。

表 6-5　领导认同在辱虐型领导与员工追随行为间的中介效应模型拟合指数

模型	χ^2/df	GFI	NFI	IFI	TLI	CFI	RMSEA
完全中介模型	2.245	0.956	0.962	0.979	0.975	0.979	0.042
部分中介模型	2.202	0.958	0.963	0.980	0.976	0.980	0.041

注：完全中介模型是指 AbL→LI→FB；部分中介模型是指 AbL→FB 和 AbL→LI→FB。AbL 表示辱虐型领导；FB 表示追随行为；LI 表示领导认同。"→"表示作用方向。

表 6-5 结果显示了领导认同在辱虐型领导与员工追随行为关系间的完全中介和部分中介效应模型。在完全中介效应模型中，χ^2/df 为 2.245，RMSEA 的值为 0.042，GFI 的值为 0.956，NFI 的值为 0.962，CFI 的值为 0.979，IFI 的值为 0.979，TLI 的值为 0.975。在部分中介效应模型中，χ^2/df 为 2.202，RMSEA 的值为 0.041，GFI 的值为 0.958，NFI 的值为 0.963，CFI 的值为 0.980，IFI 的值为 0.980，TLI 的值为 0.976。由此可知，完全中介效应模型和部分中介效应模型的各个拟合指标均达到可以接受的水平，但相比较而言，部分中介效应的拟合结果稍优于完全中介效应模型，基于模型简化原则，本书认为在辱虐型领导与员工追随行为的关系间，领导认同发挥了部分中介效应。

接着对部分中介作用模型中涉及的路径系数进行显著性检验，检验结果整理于表 6-6 中。

表 6-6　辱虐型领导、领导认同与员工追随行为关系的路径系数

路径	非标准化回归系数	标准误	C. R.	p	标准化路径系数
辱虐型领导→领导认同	-0.087	0.036	-2.436	*	-0.101
辱虐型领导→追随行为	-0.049	0.018	-2.687	**	-0.083
领导认同→追随行为	0.515	0.030	17.135	***	0.749

注：→表示作用方向。p 列表示显著性水平，*表示在 5% 水平上显著，**表示在 1% 水平上显著，***表示在 0.1% 的水平上显著。

由表 6-6 可知，辱虐型领导作用于领导认同的路径系数值为 -0.101（p < 0.05），再次验证了假设 4（辱虐型领导对领导认同有显著的负向影响）是成立的；领导认同作用于员工追随行为的路径系数值为 0.749（p < 0.001），再次验证了假设 5（领导认同对员工追随行为有显著的正向影响）是成立的；辱虐型领导作用于员工追随行为的路径系数值为 -0.083（p < 0.01），再次验证了假设 2（辱虐型领导对员工追随行为有显著的负向影响）是成立的。至此，样本数据支持了假设 7（领导认同在辱虐型领导与员工追随行为间发挥中介效应）是成立的。

第三节 权力距离导向的调节效应检验

在统计学上，变量的调节作用是用调节变量和自变量的乘积来代表的。

$$Y = \beta_0 + \beta_1 X + \beta_2 M + \beta_3 XM$$

其中，X 代表自变量，Y 代表因变量，M 代表调节变量，在上述所示的公式中，如果自变量 X 之前的 β_3 系数达到显著水平，则表示调节变量 M 存在调节作用。进一步地，如果 β_3 系数大于 0，那么，M 对 X 与 Y 的关系起到正向增强调节作用；如果系数 β_3 小于 0，那么，M 对 X 与 Y 的关系起到负向干扰调节作用。学者大多采用层级回归分析方法来验证调节效应，通过观察加入交互项（自变量 × 调节变量）后回归模型的 ΔR^2 是否显著，以及交互项的回归系数是否显著，来检验调节效应是否存在。

一、权力距离导向在真实型领导与员工追随行为间的调节效应检验

采用 Baron 和 Kenny（1986）推荐的层次回归方法检验权力距离导向在真实型领导与员工追随行为之间的调节效应。层级回归分析结果如表 6 - 7 所示，为降低多重共线性对统计结果的干扰，在构造乘积项之前，根据 Aiken 和 West（1991）的建议，先计算真实型领导和权力距离导向的均值，再将这两个变量做中心化处理（采用变量原始分 - 均值的方法），随后将中心化处理之后的数值相乘。

具体分析步骤如下：第一步，将控制变量引入回归方程的第一层，对员工追随行为进行回归，构建模型 1（M1），结果显示员工性别、受教育程度和单位性质对员工追随行为存在显著影响。第二步，将经过中心化处理之后的真实型领导和权力距离导向作为自变量引入回归方程的第二层，对员工追随行为进行回归，构建模型 2（M2），结果显示真实型领导对员工追随行为的主效应显著（$\beta = 0.693$，$p < 0.001$），权力距离导向对员工追随行为的主效应显著（$\beta = 0.114$，$p < 0.001$）。第三步，将真实型领导与权力距离导向的乘积项（真实型领导 × 权力距离导向）作为第三层变量引入回归方程，对员工追随行为进行回归，构建模

表6-7 权力距离导向调节真实型领导对员工追随行为影响的层级回归结果

变量	M1				M2				M3			
	Unstandardized		Standardized	Sig.	Unstandardized		Standardized	Sig.	Unstandardized		Standardized	Sig.
	B	SE	β		B	SE	β		B	SE	β	
常数	4.191	0.139		0.000	3.879	0.095		0.000	3.853	0.095		0.000
年龄	0.037	0.022	0.086	0.084	0.041	0.015	0.095	0.005	0.044	0.014	0.102	0.002
性别	-0.116	0.041	-0.107	0.004	-0.049	0.028	-0.045	0.079	-0.047	0.027	-0.043	0.085
婚否	0.016	0.049	0.015	0.739	0.023	0.033	0.021	0.495	0.026	0.033	0.024	0.437
教育程度	-0.051	0.019	-0.097	0.009	-0.015	0.013	-0.029	0.246	-0.016	0.013	-0.030	0.230
共事时间	0.018	0.020	0.040	0.350	0.019	0.013	0.041	0.159	0.018	0.013	0.039	0.177
单位性质	-0.048	0.011	-0.156	0.000	-0.020	0.008	-0.063	0.012	-0.018	0.008	-0.058	0.021
AL					0.564	0.021	0.693	0.000	0.579	0.021	**0.710**	0.000
PDO					0.072	0.016	0.114	0.000	0.056	0.017	**0.088**	0.001
AL×PDO									0.077	0.023	**0.087**	0.001
R^2			0.072				0.573				0.579	
ΔR^2							0.506	0.000			0.007	0.001
F			9.140	0.000			120.69	0.000			110.131	0.000

注：AL表示真实型领导；PDO表示权力距离导向；AL×PDO表示真实型领导与权力距离导向的交互项；为降低多重共线性的影响，真实型领导和权力距离导向两个变量都经过中心化处理。

型3（M3），结果显示真实型领导与权力距离导向的乘积项系数是显著的（$\beta = 0.087$，$p < 0.01$），回归方程解释的变异量（ΔR^2）增加了0.7%（因为在模型3中控制了真实型领导和权力距离导向对员工追随行为的主效应，所以调节效应的影响程度都是非常小的，换言之，真实型领导与权力距离导向的交互项进入回归方程后，如果引起的变化能达到0.10%，则可以认为调节效应是存在的）。

真实型领导与权力距离导向乘积项系数的符号（＋）与真实型领导影响员工追随行为主效应系数的符号（＋）相同，说明权力距离导向正向增强了真实型领导对员工追随行为的正向影响作用。具体而言，员工的权力距离导向越高，真实型领导对员工追随行为的正向影响作用越强；员工的权力距离导向越低，真实型领导对员工追随行为的正向影响越弱。假设8（权力距离导向对真实型领导与员工追随行为的关系具有调节作用）得到样本数据的支持。

为了更清晰和直观地刻画权力距离导向在真实型领导与员工追随行为关系间所发挥的调节效应，本书计算了在高权力距离导向和低权力距离导向情况下，真实型领导与员工追随行为关系之间的回归方程。其中，将高权力距离导向界定为高于权力距离导向的平均值1个标准差，将低权力距离导向界定为低于权力距离导向的平均值1个标准差。本书参考Aiken和West（1991）的做法，绘制了如图6-1所示的调节效应图。

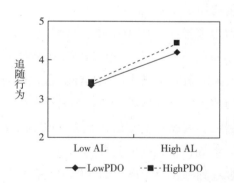

图6-1　权力距离导向在真实型领导与追随行为关系间的调节效应

由图6-1可知，对于高权力距离导向的员工来说，真实型领导对员工追随行为有着较强的正向影响，对于低权力距离导向的员工来说，真实型领导对员工追随行为的正向影响相对较弱。如图6-1所示的调节效应图，再次验证了权力距离导向正向调节真实型领导与员工追随行为间正向关系的假设是成立的，即研究假设8得到样本数据的支持。

二、权力距离导向在辱虐型领导与员工追随行为间的调节效应检验

本书采用 Baron 和 Kenny（1986）推荐的层次回归方法检验权力距离在辱虐型领导与员工追随行为之间的调节效应，层级回归分析结果如表6－8所示。为降低多重共线性对统计分析结果的干扰，在构造乘积项之前，分别对辱虐型领导和权力距离导向进行了中心化处理，随后将中心化处理之后的数值相乘。

具体分析步骤如下：第一步，将控制变量引入回归方程的第一层，对员工追随行为进行回归，构建模型1（M1），结果显示员工性别、受教育程度和单位性质对员工追随行为存在显著影响。第二步，将经过中心化处理之后的辱虐型领导和权力距离导向引入回归方程的第二层，对员工追随行为进行回归，构建模型2（M2），结果显示辱虐型领导显著负向影响员工追随行为（$\beta = -0.237$，$p < 0.001$），权力距离导向显著正向影响员工追随行为（$\beta = 0.308$，$p < 0.001$）。第三步，将辱虐型领导与权力距离导向的乘积项（辱虐型领导×权力距离导向）作为第三层变量引入回归方程，对员工追随行为进行回归，构建模型3（M3），结果显示辱虐型领导与权力距离导向的乘积项系数显著（$\beta = 0.115$，$p < 0.001$），回归方程解释的变异量增加了1.2%。

辱虐型领导与权力距离导向乘积项系数的符号（＋）与辱虐型领导影响员工追随行为的主效应系数的符号（－）相反，说明权力距离导向负向干扰了辱虐型领导对员工追随行为的负向预测作用。具体而言，权力距离导向越高，辱虐型领导对员工追随行为的负向影响越弱，权力距离导向越低，辱虐型领导对员工追随行为的负向影响越强。假设9（权力距离导向对辱虐型领导与员工追随行为的关系具有调节作用）得到样本数据的验证。

为了更清晰和直观地刻画权力距离导向在辱虐型领导与员工追随行为关系间所发挥的调节效应，本书计算了在高权力距离导向和低权力距离导向情况下，辱虐型领导与员工追随行为关系之间的回归方程。其中，将高权力距离导向界定为高于权力距离导向的平均值1个标准差，将低权力距离导向界定为低于权力距离导向的平均值1个标准差。本书参考 Aiken 和 West（1991）的做法，绘制了如图6－2所示的调节效应图。

表6-8 权力距离导向调节辱虐型领导对员工追随行为影响的层级回归结果

变量	M1 Unstandardized B	SE	M1 Standardized β	Sig.	M2 Unstandardized B	SE	M2 Standardized β	Sig.	M3 Unstandardized B	SE	M3 Standardized β	Sig.
常数	4.191	0.139		0.000	4.073	0.132		0.000	4.058	0.131		0.000
年龄	0.037	0.022	0.086	0.084	0.028	0.020	0.065	0.167	0.031	0.020	0.071	0.125
性别	-0.116	0.041	-0.107	0.004	-0.111	0.038	-0.102	0.004	-0.109	0.038	-0.100	0.004
婚否	0.016	0.049	0.015	0.739	0.041	0.047	0.038	0.378	0.039	0.046	0.036	0.396
教育程度	-0.051	0.019	-0.097	0.009	-0.042	0.018	-0.080	0.024	-0.043	0.018	-0.081	0.020
共事时间	0.018	0.020	0.040	0.350	0.034	0.018	0.076	0.064	0.031	0.018	0.069	0.091
单位性质	-0.048	0.011	-0.156	0.000	-0.036	0.011	-0.117	0.001	-0.035	0.011	-0.114	0.001
AbL					-0.126	0.019	-0.237	0.000	-0.136	0.019	**-0.255**	0.000
PDO					0.195	0.023	0.308	0.000	0.181	0.023	**0.287**	0.000
AbL×PDO									0.061	0.019	**0.115**	0.001
R^2			0.072				0.181				0.193	
ΔR^2							0.109	0.000			0.012	0.001
F			9.140	0.000			19.456	0.000			18.720	0.000

注：AbL 表示辱虐型领导；PDO 表示权力距离导向；AbL×PDO 表示辱虐型领导与权力距离导向的交互项；为降低多重共线性的影响，辱虐型领导和权力距离导向两个变量都经过中心化处理。

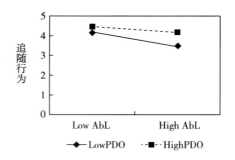

图 6 - 2　权力距离导向在辱虐型领导与追随行为关系间的调节效应

由图 6 - 2 可知，对于高权力距离导向的员工来说，辱虐型领导对员工追随行为有较弱的负向影响，对于低权力距离导向的员工来说，辱虐型领导对员工追随行为有较强的负向影响。如图 6 - 2 所示的调节效应图，再次验证了权力距离导向负向干扰辱虐型领导与员工追随行为间负向关系的假设是成立的，即研究假设 9 得到样本数据的支持。

第四节　有调节的中介效应检验

一、真实型领导与员工追随行为间有调节的中介效应检验

根据温忠麟等（2006）提出的有调节的中介效应检验程序，无论是有中介的调节效应模型还是有调节的中介效应模型，都要求调节变量对中介变量与自变量关系的调节效应达到显著水平。本书通过 SPSS 中的 PROCESS 插件，采用 Bosstrap 分析方法验证权力距离导向在真实型领导与领导认同之间所发挥的调节效应。具体地，在 Model Number 处选择 Model1，Bootstrap Samples 选择 5000 次，分析结果如表 6 - 9 所示。

表 6 - 9 显示，真实型领导与权力距离导向的交互项对领导认同的影响未达到显著水平，因为 95% 置信区间（[- 0.058, 0.098]）包含零，这说明权力距离导向在真实型领导与领导认同的关系间并没有起到调节作用。进而，权力距离导

表6-9　权力距离导向在真实型领导与领导认同间的调节效应

	coeff	se	t	p	95%置信区间
真实型领导	0.720	0.110	6.555	0.000	[0.505, 0.936]
权力距离导向	0.044	0.160	0.272	0.786	[-0.271, 0.359]
真实型领导×权力距离导向	0.020	0.040	0.500	0.617	[-0.058, 0.098]

注：N=714。

向在真实型领导与员工追随行为之间有调节的中介效应也是不成立的。因此假设10（权力距离导向调节了真实型领导通过领导认同的中介作用对员工追随行为产生的积极作用，表现为有调节的中介效应模型）未得到样本数据的支持。

二、辱虐型领导与员工追随行为间有调节的中介效应检验

首先，本书通过SPSS中的PROCESS插件，采用Boosstrap分析方法验证权力距离导向在辱虐型领导与领导认同之间所发挥的调节效应。具体地，在Model Number处选择Model 1，Bootstrap Samples处选择5000次，分析结果如表6-10所示。

表6-10　权力距离导向在辱虐型领导与领导认同间的调节效应

	coeff	se	t	p	95%置信区间
辱虐型领导	-0.503	0.092	-5.467	0.000	[-0.684, -0.323]
权力距离导向	-0.054	0.088	-0.612	0.541	[-0.227, 0.119]
辱虐型领导×权力距离导向	0.127	0.030	4.282	0.000	[0.069, 0.185]

注：N=714。

表6-10显示，辱虐型领导与权力距离导向的交互项对领导认同的影响达到显著水平，因为95%置信区间（[0.069, 0.185]）不包含零，这说明权力距离导向在辱虐型领导与领导认同的关系间发挥调节效应。

接着，同样通过SPSS中的PROCESS插件，采用Boosstrap分析方法验证有调节的中介效应，即检验领导认同在辱虐型领导与员工追随行为关系之间所起到的有调节的中介效应。具体地，在Model Number处选择Model 7，Bootstrap Samples 选择 5000 次，分析结果如表 6 – 11 所示。

表 6 – 11 领导认同在权力距离导向高低不同时的中介效应

权力距离导向	间接效应	SE	95% 置信区间
低权力距离导向	− 0.113	0.023	[− 0.160， − 0.070]
中权力距离导向	− 0.066	0.015	[− 0.097， − 0.036]
高权力距离导向	− 0.019	0.015	[− 0.050， 0.010]

注：N = 714；权力距离导向的三个值分别是 − 1 个标准差（1.936），均值（2.787）和 + 1 个标准差（3.639）；SE 指标准误；Bootstrap 抽样次数设定为 5000。

由表 6 – 11 可知，在低权力距离导向（均值减去一个标准差）时，95% 置信区间为 [− 0.160， − 0.070]，不包含零，因此，辱虐型领导通过领导认同对员工追随行为的间接影响达到了显著水平；在高权力距离导向（均值加上一个标准差）时，95% 置信区间为 [− 0.050， 0.010]，包含零，因此，辱虐型领导通过领导认同对员工追随行为的间接效应未达到显著水平。

分析结果中的 Index of Moderated Mediation 为 0.056，95% 置信区间为 [0.028，0.083]，不包含零，说明有调节的中介效应模型是成立的，因此假设 11（权力距离导向调节了辱虐型领导通过领导认同对员工追随行为产生的消极作用，表现为有调节的中介效应模型）得到样本数据的部分验证。

第五节 研究结果及讨论

本章是实证章节，检验真实型领导和辱虐型领导对员工追随行为的影响机制。具体包括如下内容：一是检验真实型领导和辱虐型领导对员工追随行为的直接效应，对应假设 1 和假设 2，层级回归结果显示，真实型领导显著正向影响员工追随行为，辱虐型领导显著负向影响员工追随行为，假设 1 和假设 2 得到样本数据的支持。二是验证在真实型领导、辱虐型领导与员工追随行为关系之间，领导认同所发挥的中介效应，对应假设 3 至假设 7，层级回归和路径分析结果显示，领导认同的确在真实型领导、辱虐型领导与员工追随行为的关系间起到了中介效应，假设3至假设7得到样本数据的支持。三是检验权力距离导向在真实型领导、辱虐型领导与员工追随行为关系之间的调节效应，对应假设8和假设9，层级回归结果显示，权力距离导向正向增强了真实型领导对员工追随行为的正向预测作用，负向干扰了辱虐型领导对员工追随行为的负向预测作用，假设8和假设9得到样本数据的支持。四是验证有调节的中介效应模型，对应假设10和假设11，结果显示，假设10未得到样本数据的支持，假设11得到样本数据的支持。假设1至假设11的验证情况如表6－12所示。

表6－12　假设1至假设11的验证情况

编号	假设的内容	验证情况
H1	真实型领导对员工的追随行为有显著的正向影响	通过验证
H2	辱虐型领导对员工的追随行为有显著的负向影响	通过验证
H3	真实型领导对领导认同有显著的正向影响	通过验证
H4	辱虐型领导对领导认同有显著的负向影响	通过验证
H5	领导认同对员工追随行为有显著的正向影响	通过验证
H6	领导认同在真实型领导与员工追随行为间发挥中介效应	通过验证
H7	领导认同在辱虐型领导与员工追随行为间发挥中介效应	通过验证
H8	权力距离导向对真实型领导与员工追随行为的关系具有调节作用。具体而言，权力距离导向越低，真实型领导与员工追随行为的正向关系越弱；反之权力距离导向越高，真实型领导与员工追随行为的正向关系越强	通过验证
H9	权力距离导向对辱虐型领导与员工追随行为的关系具有调节作用。具体而言，权力距离导向越低，辱虐型领导与员工追随行为的负向关系越强；反之权力距离导向越高，辱虐型领导与员工追随行为的负向关系越弱	通过验证
H10	权力距离导向调节了真实型领导通过领导认同的中介作用对员工追随行为产生的积极作用，表现为有调节的中介效应模型	未通过验证
H11	权力距离导向调节了辱虐型领导通过领导认同的中介作用对员工追随行为产生的消极作用，表现为有调节的中介效应模型	通过验证

第七章 领导风格对领导效能
影响机制的实证检验

第一节 领导风格对领导效能的直接效应检验

一、真实型领导对领导效能的直接效应检验

采用结构方程模型探讨真实型领导对领导效能的直接效应，以领导效能的三个衡量指标（任务绩效、组织公民行为和情感承诺）作为领导效能的显变量，构造结构方程模型，验证结果如表 7 - 1 所示。

表 7 - 1　真实型领导对领导效能的直接路径分析结果

路径	非标准化回归系数	S. E.	C. R.	p	标准化回归系数
真实型领导→领导效能	0.562	0.034	16.684	***	0.678

注：→表示作用方向。p 列表示显著性水平，＊表示在 5% 水平上显著，＊＊表示在 1% 水平上显著，＊＊＊表示在 0.1% 的水平上显著。

由表 7 - 1 可知，真实型领导显著正向影响领导效能（标准化回归系数为 0.678，p＜0.001）。因此，假设 12（真实型领导对领导效能有显著的正向影响）得到本书样本数据的支持。

接下来，构造真实型领导影响任务绩效、组织公民行为和情感承诺的结构方程模型，以进一步检验真实型领导对领导效能三个测量指标的直接效应，验证结果如表7-2所示。

表7-2 真实型领导对任务绩效、组织公民行为和情感承诺的直接路径分析结果

路径	非标准化回归系数	S. E.	C. R.	p	标准化回归系数
真实型领导→任务绩效	0.641	0.042	15.432	***	0.721
真实型领导→组织公民行为	0.579	0.046	12.717	***	0.715
真实型领导→情感承诺	0.699	0.049	14.167	***	0.803

注：→表示作用方向。p列表示显著性水平，＊表示在5%水平上显著，＊＊表示在1%水平上显著，＊＊＊表示在0.1%的水平上显著。

由表7-2可知，真实型领导对任务绩效（标准化路径系数为0.721，$p < 0.001$）、组织公民行为（标准化路径系数为0.715，$p < 0.001$）和情感承诺（标准化路径系数为0.803，$p < 0.001$）存在显著的正向影响，再次验证了假设12是成立的。

二、辱虐型领导对领导效能的直接效应检验

采用结构方程模型探讨辱虐型领导对领导效能的直接效应，以领导效能的三个衡量指标（任务绩效、组织公民行为和情感承诺）作为领导效能的显变量，构造结构方程模型，验证结果如表7-3所示。

表7-3 辱虐型领导对领导效能的直接路径分析结果

路径	非标准化回归系数	S. E.	C. R.	p	标准化回归系数
辱虐型领导→领导效能	-0.090	0.024	-3.714	***	-0.153

注：→表示作用方向。p列表示显著性水平，＊表示在5%水平上显著，＊＊表示在1%水平上显著，＊＊＊表示在0.1%的水平上显著。

由表7-3可知，辱虐型领导显著负向影响领导效能（标准化回归系数为-0.153，$p < 0.001$）。因此，假设13（辱虐型领导对领导效能有显著的负向影响）得到样本数据的支持。

接下来，构造辱虐型领导影响任务绩效、组织公民行为和情感承诺的结构方

程模型，以进一步检验辱虐型领导对领导效能三个测量指标的直接效应，验证结果如表 7 - 4 所示。

表 7 - 4　辱虐型领导对任务绩效、组织公民行为和情感承诺的直接路径分析结果

路径	非标准化回归系数	S. E.	C. R.	p	标准化回归系数
辱虐型领导→任务绩效	- 0.125	0.027	- 4.675	***	- 0.202
辱虐型领导→组织公民行为	- 0.097	0.025	- 3.914	***	- 0.170
辱虐型领导→情感承诺	- 0.142	0.027	- 5.342	***	- 0.245

注：→表示作用方向。p 列表示显著性水平，＊表示在 5% 水平上显著，＊＊表示在 1% 水平上显著，＊＊＊表示在 0.1% 的水平上显著。

由表 7 - 4 可知，辱虐型领导对任务绩效（标准化路径系数为 - 0.202，p < 0.001）、组织公民行为（标准化路径系数为 - 0.170，p < 0.001）和情感承诺（标准化路径系数为 - 0.245，p < 0.001）存在显著的负向影响，再次验证了假设 13 是成立的。

第二节　追随行为在领导风格与领导效能间的中介效应检验

一、追随行为在真实型领导与领导效能间的中介效应检验

为了验证员工追随行为在真实型领导与领导效能关系间的中介效应，本书进行了完全中介效应模型和部分中介效应模型比较。其中的完全中介效应模型路径是指从真实型领导到员工追随行为，再从员工追随行为到领导效能，该模型并不包含从真实型领导到领导效能这一条直接路径。部分中介效应模型包含两条作用路径：其一，真实型领导直接作用于领导效能；其二，从真实型领导到员工追随行为，再从员工追随行为到领导效能。完全中介效应模型和部分中介效应模型的比较结果如表 7 - 5 所示。

表 7 – 5　员工追随行为在真实型领导与领导效能间的中介效应模型拟合指数

模型	χ^2/df	GFI	NFI	IFI	TLI	CFI	RMSEA
完全中介模型	3.285	0.953	0.966	0.976	0.971	0.976	0.057
部分中介模型	3.292	0.953	0.966	0.976	0.971	0.976	0.057

注：完全中介模型是指 AL→FB→LE；部分中介模型是指 AL→LE 和 AL→FB→LE。AL 表示真实型领导；FB 表示员工追随行为；LE 表示领导效能；"→" 表示作用方向。

依然选择 χ^2/df、NFI、CFI、GFI、IFI、TLI 和 RMSEA 七个指标来评估模型的拟合情况。表 7 – 5 结果显示，对于完全中介效应模型，χ^2/df 值为 3.285，RMSEA 的值为 0.057，GFI 的值为 0.953，NFI 的值为 0.966，CFI 的值为 0.976，IFI 的值为 0.976，TLI 的值为 0.971；对于部分中介效应模型，χ^2/df 为 3.292，RMSEA 的值为 0.057，GFI 的值为 0.953，NFI 的值为 0.966，CFI 的值为 0.976，IFI 的值为 0.976，TLI 的值为 0.971。由此可知，完全中介效应模型和部分中介效应模型的各个拟合指标均达到可以接受的水平，且拟合效果基本上是无差异的，但是综合考量，基于模型简化原则，本书认为完全中介效应模型更加符合实际，因为领导效能是通过员工的行为来实现的，所以真实型领导完全作用于员工追随行为，进而才产生领导效能。

接着对完全中介效应模型中涉及的路径系数进行显著性检验，结果整理于表 7 – 6 中。

表 7 – 6　真实型领导、员工追随行为与领导效能关系的路径系数

路径	非标准化回归系数	标准误	C.R.	p	标准化路径系数
真实型领导→员工追随行为	0.680	0.034	19.712	***	0.810
员工追随行为→领导效能	0.803	0.039	20.728	***	0.810

注：→表示作用方向。p 列表示显著性水平，* 表示在 5% 水平上显著，** 表示在 1% 水平上显著，*** 表示在 0.1% 的水平上显著。

由表 7 – 6 可知，真实型领导对员工追随行为的标准化回归系数为 0.810（p < 0.001）；员工追随行为对领导效能的标准化回归系数为 0.810（p < 0.001）。由此，假设 14（员工追随行为在真实型领导与领导效能的关系间发挥中介作用）得到样本数据的支持。

二、追随行为在辱虐型领导与领导效能间的中介效应检验

为了验证员工追随行为在辱虐型领导与领导效能关系间的中介效应，本书进行了完全中介效应模型和部分中介效应模型比较。其中的完全中介效应模型路径是指从辱虐型领导到员工追随行为，再从员工追随行为到领导效能，该模型并不包含从辱虐型领导到领导效能这一条直接路径。部分中介效应模型包含两条作用路径：其一，辱虐型领导直接作用于领导效能；其二，从辱虐型领导到员工追随行为，再从员工追随行为到领导效能。完全中介效应模型和部分中介效应模型的比较结果如表 7 - 7 所示。

表 7 - 7　员工追随行为在辱虐型领导与领导效能间的完全中介效应模型拟合指数

模型	χ^2/df	GFI	NFI	IFI	TLI	CFI	RMSEA
完全中介模型	2.742	0.959	0.967	0.979	0.974	0.979	0.049
部分中介模型	2.769	0.959	0.967	0.979	0.974	0.979	0.050

注：完全中介模型是指 AbL→FB→LE；部分中介模型是指 AbL→LE 和 AbL→FB→LE。AbL 表示辱虐型领导；FB 表示追随行为；LE 表示领导效能；→表示作用方向。

表 7 - 7 结果显示，对于完全中介效应模型，χ^2/df 值为 2.742，RMSEA 的值为 0.049，GFI 的值为 0.959，NFI 的值为 0.967，CFI 的值为 0.979，IFI 的值为 0.979，TLI 的值为 0.974；对于部分中介效应模型，χ^2/df 为 2.769，RMSEA 的值为 0.050，GFI 的值为 0.959，NFI 的值为 0.967，CFI 的值为 0.979，IFI 的值为 0.979，TLI 的值为 0.974。由此可知，完全中介效应模型和部分中介效应模型的各个拟合指标均达到可以接受的水平，且拟合效果基本上是无差异的，但是综合考量，基于模型简化原则，本书认为完全中介效应模型更加符合实际，因为领导效能是通过员工的行为来实现的，所以辱虐型领导完全作用于员工追随行为，进而才产生领导效能。

接着对完全中介效应模型中涉及的路径系数进行显著性检验，结果整理于表 7 - 8 中。

由表 7 - 8 可知，辱虐型领导对员工追随行为的标准化回归系数为 - 0.166（p < 0.001）；员工追随行为对领导效能的标准化回归系数为 0.806（p < 0.001）。

表 7 - 8　辱虐型领导、员工追随行为与领导效能关系的路径系数

路径	非标准化回归系数	标准误	C. R.	p	标准化路径系数
辱虐型领导→员工追随行为	-0.096	0.024	-4.003	***	-0.166
员工追随行为→领导效能	0.822	0.041	19.896	***	0.806

注：→表示作用方向。p 列表示显著性水平，＊表示在 5% 水平上显著，＊＊表示在 1% 水平上显著，＊＊＊表示在 0.1% 的水平上显著。

由此，假设 15（追随行为在辱虐型领导与领导效能的关系间发挥中介作用）得到样本数据的支持。

第三节　研究结果及讨论

本章是实证章节，分别检验真实型领导和辱虐型领导对领导效能的影响机制。具体包括如下细分内容：一是检验真实型领导和辱虐型领导对领导效能的直接效应，对应假设 12 和假设 13，路径分析结果显示，真实型领导显著正向影响领导效能及其三个维度，辱虐型领导显著负向影响领导效能及其三个维度，假设 12 和假设 13 得到样本数据的支持。二是检验员工追随行为在真实型领导、辱虐型领导与领导效能关系之间的中介效应，对应假设 14 和假设 15，路径分析结果显示，员工追随行为在真实型领导、辱虐型领导与领导效能的关系间起到了完全中介效应，假设 14 和假设 15 得到样本数据的支持。假设 12 至假设 15 的验证情况如表 7 - 9 所示。

表 7 - 9　假设 12 至假设 15 的验证情况

编号	假设的内容	验证情况
H12	真实型领导对领导效能有显著的正向影响	通过验证
H13	辱虐型领导对领导效能有显著的负向影响	通过验证
H14	追随行为在真实型领导与领导效能的关系间发挥中介作用	通过验证
H15	追随行为在辱虐型领导与领导效能的关系间发挥中介作用	通过验证

第八章　研究结论及未来研究展望

本书在对真实型领导、辱虐型领导、员工追随行为、领导认同、权力距离导向和领导效能六个研究变量文献梳理的基础上，通过实证研究的分析方法，探讨了在绪论章节中所提出的四个主要问题：①真实型领导和辱虐型领导对员工追随行为产生何种影响？②真实型领导和辱虐型领导是如何作用于员工追随行为的，即其中的作用机制是怎样的？③权力距离导向在真实型领导、辱虐型领导和员工追随行为关系之间的权变影响效果如何？④真实型领导、辱虐型领导与领导效能的关系如何，以及员工追随行为在这一关系中扮演何种角色？

通过对来自多家企业的714份调查问卷数据的处理和分析，部分验证了本书研究的理论模型和所提出的一系列研究假设。研究结果显示：真实型领导显著正向影响员工追随行为和领导效能，辱虐型领导显著负向影响员工追随行为和领导效能；领导认同在真实型领导、辱虐型领导与员工追随行为的关系间发挥中介作用；员工追随行为在真实型领导、辱虐型领导与领导效能的关系之间发挥中介作用；权力距离导向调节了真实型领导、辱虐型领导与员工追随行为之间的关系，即权力距离导向增强了真实型领导对员工追随行为的正向影响，减弱了辱虐型领导对员工追随行为的负向影响。本章主要包括研究结论、理论贡献、管理启示及建议、研究局限及展望四个部分的内容。

第一节　研究结论

本书立足于中国企业管理中的现实问题，采用文献研究、理论演绎和实证研究相结合的方法进行模型构建，依据社会认同理论和社会交换理论等理论基础，提出本书的 15 个相关研究假设。借助 SPSS 22.0 和 AMOS 22.0 统计分析软件对来自多家企业的 714 份样本数据进行数据处理和分析。

具体地，通过可靠性分析和验证性因子分析评估测量问卷的信度和效度；通过相关性分析初步考察主要研究变量之间的关联方向和关联程度；通过层级回归分析和路径分析验证真实型领导、辱虐型领导对员工追随行为和领导效能的直接影响；通过路径分析检验领导认同在真实型领导、辱虐型领导与员工追随行为关系之间的中介作用；通过层级回归分析检验权力距离导向在真实型领导、辱虐型领导与员工追随行为关系之间的调节效应；通过 SPSS 中的 PROCESS 插件 Boosstrap 分析方法验证有调节的中介效应。

研究假设的验证情况列示于表 8 – 1。

表 8 – 1　本书中研究假设的验证情况

编号	假设的内容	验证情况
H1	真实型领导对员工的追随行为有显著的正向影响	通过验证
H2	辱虐型领导对员工的追随行为有显著的负向影响	通过验证
H3	真实型领导对领导认同有显著的正向影响	通过验证
H4	辱虐型领导对领导认同有显著的负向影响	通过验证
H5	领导认同对员工追随行为有显著的正向影响	通过验证
H6	领导认同在真实型领导与员工追随行为间发挥中介效应	通过验证
H7	领导认同在辱虐型领导与员工追随行为间发挥中介效应	通过验证
H8	权力距离导向对真实型领导与员工追随行为的关系具有调节作用。具体而言，权力距离导向越低，真实型领导与员工追随行为的正向关系越弱；反之权力距离导向越高，真实型领导与员工追随行为的正向关系越强	通过验证

续表

编号	假设的内容	验证情况
H9	权力距离导向对辱虐型领导与员工追随行为的关系具有调节作用。具体而言，权力距离导向越低，辱虐型领导与员工追随行为的负向关系越强；反之权力距离导向越高，辱虐型领导与员工追随行为的负向关系越弱	通过验证
H10	权力距离导向调节了真实型领导通过领导认同的中介作用对员工追随行为产生的积极作用，表现为有调节的中介效应模型	未通过验证
H11	权力距离导向调节了辱虐型领导通过领导认同的中介作用对员工追随行为产生的消极作用，表现为有调节的中介效应模型	通过验证
H12	真实型领导对领导效能有显著的正向影响	通过验证
H13	辱虐型领导对领导效能有显著的负向影响	通过验证
H14	追随行为在真实型领导与领导效能的关系间发挥中介作用	通过验证
H15	追随行为在辱虐型领导与领导效能的关系间发挥中介作用	通过验证

整理实证研究所得到的结果，可以归纳出如下几项研究结论：

一、真实型领导和辱虐型领导对员工追随行为的主效应及其相关结论

员工追随行为的重要性得到了越来越多管理实践界和学术界的重视，探究其影响因素以及探究如何提高员工追随行为的研究成果日益增多（赵慧军、席燕平，2014；赵慧军，2013；周文杰等，2015）。作为在工作场所中与员工接触频繁的领导者，他们对于员工的影响是不容忽视的。在企业组织中，不同的领导者有着不同的做事风格和管理方式，真实型领导者和辱虐型领导者是组织中常见的两种类型领导者，他们有着截然不同的行为准则和管理方式。本书采用层级回归分析法验证真实型领导和辱虐型领导对员工追随行为的直接影响。研究结果显示，在控制了员工的性别、年龄、婚否、教育程度、与领导者共事时间以及所在单位性质等可能影响员工追随行为的个人因素之后，真实型领导显著正向影响员工追随行为，辱虐型领导显著负向影响员工追随行为。与已有研究结果类似，本书得出，真实型领导有助于促进员工的积极行为（员工追随行为），而辱虐型领导不利于激发员工的积极行为（梁永奕等，2015；孔芳、赵西萍，2010；Harvey et al.，2007；Leroy et al.，2015）。这对于管理实践具有极大的启示意义，即领导者要想获得更多员工的积极追随，应该调整自己的行为方式，将真诚的态度和

真实的行为展示在员工面前，避免使用辱虐型的管理方式。

二、真实型领导和辱虐型领导对领导效能的主效应及其相关结论

领导效能的高低常常被用来衡量某一个领导者领导效果的好坏，不同的管理者和研究者采用不同的评价指标来评估领导效能（王碧英、高日光，2014）。考虑到员工是感受领导者领导效果最直接的主体，所以本书参照王震等（2012）的做法，选取员工绩效、行为和态度三个方面的研究变量作为真实型领导和辱虐型领导两种领导效能的衡量指标。对于真实型领导和辱虐型领导对领导效能主效应的检验，本书研究采用了路径分析的方法，路径分析结果显示，真实型领导显著正向影响领导效能以及其三个具体的衡量指标（员工任务绩效、组织公民行为和情感承诺），辱虐型领导显著负向影响领导效能以及其三个具体的衡量指标（员工任务绩效、组织公民行为和情感承诺）。以往研究考察了公仆型领导、变革型领导和破坏型领导的领导效能（王碧英、高日光，2014；王震等，2012），本书在此基础上进一步考察了真实型领导和辱虐型领导的领导效能。所得研究结论表明，通常情况下，积极类型的领导风格往往有着较高的领导效能，消极类型的领导风格领导效能较低。

三、领导认同的中介效应及其相关结论

本书采用路径分析法对所得样本数据进行分析，考察领导认同在真实型领导、辱虐型领导和员工追随行为关系之间的中介效应。路径分析结果表明，领导认同在真实型领导、辱虐型领导和员工追随行为的关系间发挥了部分中介效应，即真实型领导和辱虐型领导这两种领导风格对员工追随行为的影响效应一部分是通过改变员工对领导认同来间接发挥作用的。

领导作为一种动态过程，是由领导者、员工和工作情境三者的相互作用组成的，其中既包含了员工被领导者影响的过程，也包含了员工决定自身是否被影响的主动过程。本书基于社会认同理论，探究了员工为何愿意接受来自领导者方面的影响，以及领导者如何才能有效地对追随者施加影响，找到了真实型领导和辱虐型领导通过影响员工对领导认同进而激发和促进员工追随行为的实证证据，即真实型领导和辱虐型领导这两种领导风格对员工追随行为的影响一部分是通过改变领导认同来间接发挥作用的。该研究结论进一步细化了真实型领导、辱虐型领

导与员工追随行为间的理论关系，拓展了学术界对于员工追随行为影响因素和诱发过程的认识。

四、员工追随行为的中介效应及其相关结论

类似于验证领导认同中介效应时所采用的验证方法，本书同样采用路径分析法验证员工追随行为在真实型领导、辱虐型领导与领导效能关系之间所起到的中介效应。路径分析结果表明，员工追随行为在真实型领导、辱虐型领导与领导效能的关系间发挥了完全中介效应，即真实型领导和辱虐型领导对领导效能的影响效应完全是通过影响员工的追随行为来间接发挥作用的。本书选取员工任务绩效、组织公民行为和情感承诺作为领导效能的三个具体衡量指标。不管是从理论研究还是从管理实践的角度来看，领导者的工作目标必须通过员工来实现，领导效能最终体现在员工的绩效、行为和态度方面。本书验证得出员工追随行为完全中介了这两种领导风格与领导效能之间的关系，恰好是对现实情况的一种合理解释。

五、权力距离导向的调节效应及其相关结论

尽管大量的研究结果表明，真实型领导显著正向影响员工积极的态度和行为，辱虐型领导起到相反作用。但是，对于不同的员工而言，真实型领导和辱虐型领导的影响的效果是有差异的。本书采用层级线性回归法来检验权力距离导向在真实型领导、辱虐型领导这两种领导风格与员工追随行为关系间所发挥的调节效应。实证分析结果表明，权力距离导向调节了真实型领导、辱虐型领导与员工追随行为之间的关系。具体而言：①权力距离导向正向增强了真实型领导对员工追随行为的正向影响，即相较于权力距离导向较低的员工而言，真实型领导对那些权力距离导向较高的员工的追随行为有着更强的影响。这是因为，当员工的权力距离导向较高时，真实型领导表现出的诸多真实的行为特征，被员工高度赞扬和认可，这强化了员工对领导者的积极追随。②权力距离导向负向减弱了辱虐型领导对员工追随行为的负向影响，即相较于权力距离导向较低的员工而言，辱虐型领导对那些权力距离导向较高的员工的追随行为影响更弱。这是因为，高权力距离导向的员工严格遵从等级差异，承认并接受与领导者在地位上的差距，对领导者的辱虐对待有更高的耐受力。

这一结果不仅验证了个体层面文化价值观（权力距离导向）对真实型领导和辱虐型领导影响效应的权变影响，同时从另一个角度解释了为什么面对同一种风格的领导者，员工的行为表现却存在很大差异。

除此之外，本书还通过 SPSS 中的 PROCESS 插件，采用 Boosstrap 分析方法验证了有调节的中介效应模型，结果显示，领导认同在辱虐型领导与员工追随行为之间的中介效应受到权力距离导向的调节。领导者的辱虐对待是员工在工作中常见的一种压力源，破坏了领导者与员工之间的关系，降低员工对领导者的信任和认同。但是员工权力距离导向可以在辱虐型领导与员工对领导者的认同之间起到缓冲的作用。具体而言，对于高权力距离导向的员工而言，辱虐型领导对领导认同的负向影响要相对变弱，从而，员工对领导者的追随程度下降就小。反之，对于低权力距离导向的员工而言，他们更看重公平和平等，辱虐型领导对领导认同的负向影响更大，从而，员工对领导者的追随程度下降更大。

第二节　理论贡献

从整体上，本书将真实型领导、辱虐型领导、追随行为、领导认同、权力距离导向和领导效能进行了整合，构建和验证了一个整合的研究模型。

首先，本书拓展了真实型领导、辱虐型领导和员工追随行为的相关研究。员工追随行为是近几年才开始受到广泛关注的研究话题，人们对其的重要性有了新的认识。但是因为这一研究的起步较晚，相关理论研究和实证研究尚不够充足，有待进一步拓展。本书正顺应了这一发展趋势，细致考察真实型领导、辱虐型领导对员工追随行为的影响以及具体作用机制（即中介效应、调节效应和有调节的中介效应），员工追随行为在真实型领导、辱虐型领导作用于领导效能过程中所发挥的传导机制。对于以上问题的探讨在一定程度上拓宽了真实型领导、辱虐型领导以及员工追随行为的理论研究和实证研究。

其次，本书验证了真实型领导对员工追随行为和领导效能产生积极影响，辱虐型领导对员工追随行为和领导效能产生消极影响。虽然国内外不乏关于真实型领导、辱虐型领导、员工追随行为和领导效能的相关文献，但大多是割裂开来进行研究，将这些变量整合起来的研究尚不多见。本书选择真实型领导、辱虐型领导作为积极型领导行为和破坏型领导行为的典型代表，考察这两种领导风格对员工追随行为和领导效能的影响效应，揭示了影响员工追随行为和领导效能的正反两个因素。虽然有学者已经开始探讨真实型领导对员工态度和行为的影响，但真实型领导对员工追随行为的研究却鲜有提及。本书通过理论研究与实证研究相结合的方式，检验了真实型领导、辱虐型领导与员工追随行为之间的关系，证实了领导者的行为风格对员工追随行为有着重要的影响。这在一定程度上丰富和深化了领导风格、追随行为和领导效能方面的相关研究。

再次，本书发现领导认同在真实型领导、辱虐型领导这两种领导风格与员工追随行为的关系间起到中介作用，员工追随行为在真实型领导、辱虐型领导这两种领导风格与领导效能的关系间起到中介作用，搭建了领导风格、员工追随行为与领导效能研究的桥梁。领导力是领导者和员工相互作用的过程，其中既包含了追随者被领导者影响的过程，也包含了追随者决定自身是否被影响的过程。本书在明确了真实型领导、辱虐型领导与员工追随行为和领导效能的关系之后，进一步探索这一关系背后的心理过程和内在机制。一方面，基于社会认同理论，提出并验证了员工对领导认同是真实型领导和辱虐型领导作用于员工追随行为的一种重要的传导机制；另一方面，引入员工追随行为作为中介变量，考察其在真实型领导和辱虐型领导影响领导效能过程中所发挥的桥梁作用。结果显示，员工追随行为不仅能够显著影响领导效能，而且担当了真实型领导、辱虐型领导与领导效能的相互关系的通道。本书对于真实型领导和辱虐型领导如何影响员工追随行为及领导效能的作用机制的探讨，找到了这两种领导风格通过领导认同进而激发员工追随行为、通过员工追随行为进而促进领导效能的实证证据，进一步细化了领导风格与员工行为之间的理论关系，为深入理解领导行为对员工追随行为和领导效能的作用机理提供了一个可参考的理论框架。

最后，考察了权力距离导向对真实型领导、辱虐型领导影响员工追随行为过程中的权变作用。权力距离导向是员工秉持的一种个人文化价值观，反映了个体对于权力分配不平等的敏感程度，员工权力距离导向的高低差异影响到员工对层级关系中的领导者的态度和看法，进而影响员工在应对领导方式上的差异。跨文化研究学者指出，中国企业员工有着更高的权力距离导向，因此，在中国情境下探究真实型领导和辱虐型领导对员工态度和行为的影响，不得不将权力距离导向纳入进来。基于这一考虑，本书尝试考察员工权力距离导向在真实型领导和辱虐型领导这两种领导风格作用于员工追随行为过程中所起到的权变作用。通过对714份企业员工调查数据的实证分析，发现权力距离导向调节了真实型领导、辱虐型领导这两种领导风格与员工追随行为之间的关系。具体而言，对于真实型领导风格而言，高权力距离导向强化了真实型领导与员工追随行为之间的正向关系；对于辱虐型领导风格而言，高权力距离导向弱化了辱虐型领导与员工追随行为之间的负向关系。在以往的研究中，缺少真实型领导和辱虐型领导影响员工追随行为的解释，更缺乏对于这一影响关系边界条件的探讨。该研究结论是真实型领导、辱虐型领导和员工追随行为关系之间权变因素的进一步补充，有助于理解这两种领导风格对员工追随行为发挥影响效应的外生条件。

第三节　管理启示及建议

开展管理理论研究的最终目的是为了指导组织的实践。本书基于当前现实问题所做的理论研究和实证检验所得出的研究结论，对于企业挑选和培养真实型领导、激发员工追随行为和提升领导者领导效能等方面具有重要的启示意义，具体体现在以下四个方面：

第一，重视并关注员工追随行为。员工追随行为是组织行为学研究领域中的前沿课题。越来越多的企业因其扁平化、团队化的运作方式而更加依赖员工在组织中发挥主观能动作用，员工自发地追随领导者成为驱动企业前进，保障企业高效运行的重要动力。据此，本书所得到的关于员工追随行为的相关结论，对管理者日常工作中调动与激励员工有一定的现实意义。周文杰等（2015）研究认为员工的积极追随行为可具体分为尊敬学习行为、忠诚奉献行为、权威维护行为、意图领会行为、有效沟通行为和积极执行行为六种，每一种追随行为都有利于塑造良好的工作态度、产生高的工作绩效。因此，组织的管理者应该给予员工追随行为以足够的重视。

第二，选拔培育真实型领导者，避免辱虐型领导者进入管理层级。面对日益复杂的社会环境、不确定的技术变革和激烈竞争压力，企业组织的长足持续发展对于员工的依赖日益增强，各层面的管理者已经开始意识到员工追随行为的能动作用和力量。在中国企业组织中，"上尊下卑"的观念导致领导者常常严格要求员工无条件服从自己、采用辱虐管理的方式对待员工，因此在这样的文化背景下，辱虐型领导这种极具破坏性的领导风格广泛存在。表面上看似和谐的领导者与员工关系，实质上可能潜伏着危机，无论是对于员工、领导者抑或是对于组织而言，弊总是大于利的。为此，企业管理人员和领导者自身应该从以下两个方面做出努力。一方面，企业应该将真实型领导的素质和行为特点作为领导者选拔和绩效考核的重要标准，严格把控领导者候选人的任职资格。比如选拔那些具备客观公正和品德高尚特质的人才，极力避免具有辱虐行为倾向的员工进入管理层级；在进行领导培训时，注重领导自身的道德品质，鼓励其公开透明和平衡处理信息的工作方式。另一方面，领导者应该认识到促进员工追随行为进而提升领导效能是企业生存和持续发展的关键所在，而具体到领导者自身，其表现出的行为特质正是影响员工追随行为和领导效能的关键前因变量。因此，领导者应该常常反躬自省，约束和控制个人消极情绪和不良行为，极力避免在员工面前表现出辱虐行为。

第三，培育员工对领导者的认同感，间接激发员工追随行为。本书发现，领导认同在真实型领导和辱虐型领导影响员工追随行为的过程中起到了桥梁的作用。在领导认同的作用下，一方面，员工会更加认同工作任务和目标，以组织整体利益为重，努力工作；另一方面，领导会因为员工的工作努力而给予更多的积极评价，进一步提升员工的效能感和工作投入，最终达到个体和组织绩效的持续提升。鉴于领导认同的桥梁作用，管理实践者表现出的各种领导行为应着眼于培育员工的认同感，尽可能地关心和支持员工的工作，了解他们的实际困难，减少员工的被排斥感。在具体操作上，管理者可以通过给员工分配有挑战性的任务，赋予一定权力和承担一定责任，采取权变性的激励措施等激发其深层需求，从而换取他们的尊重、信任和感恩，构建起员工对领导的认同。

第四，尊重个体差异，采取区别化管理。本书的另一个重要发现就是真实型领导和辱虐型领导对员工追随行为的影响，在一定程度上受到员工权力距离导向的影响，这对于管理实践具有一定的参考价值。尽管真实型领导对员工追随行为产生正面影响，但是这种正向影响效应对高权力距离导向的员工较大，对低权力距离导向的员工影响较小；辱虐型领导对员工追随行为产生负向影响，这种负向影响效应对低权力距离导向的员工较大，而对于高权力距离导向的员工较小。该研究结论说明考察某种具体的领导风格对员工态度和行为产生的影响，需要结合员工的权力距离情况来辩证看待。同时，该研究结论也提示组织管理者在实际的管理实践中应当根据不同特质的个体，有针对性地进行差别化管理。正如廖建桥等（2010）所认为的，领导者行为只有与员工的权力距离导向相匹配时，才能取得更好的领导效果。

第四节 研究局限及展望

本书是基于现实观察，在大量的文献阅读与已有实证研究基础上，通过逻辑推演建构理论模型，提出研究假设，并据此展开实证分析。每一步都尽力遵循实证研究规范，尽管得出了第八章第一节所罗列的一些有意义的研究结论，但囿于条件、时间及个人能力的局限，不可避免地存在一些不足之处。

第一，横截面数据问题。由于客观条件的限制，本书采用横截面数据，所以研究结论不能反映模型的动态因果关系。未来研究可以采用实验研究或纵向研究等方式验证本研究的动态因果关系。截面数据本身所具有的对因果关系解释的缺陷以及检验结果可能存在的不可重复性问题，是本书的潜在局限。因此，今后需创造条件，对研究主题进行纵向追踪研究，验证在不同时间框架下变量间因果关系的稳定性。

第二，共同方法偏差问题。同源方差是指因为同样的数据来源或评分者，同样的测量环境、项目语境以及项目本身特征所造成的预测变量与效标变量之间人为的共变（周浩、龙立荣，2008）。本书中的研究变量的各个题项均是由员工进行报告，这不可避免地受到自我本位偏见的影响和同源数据一致性的污染。尽管在问卷设计和数据统计分析中进行了一定的处理，但是仍然无法完全避免同源偏差的问题。未来研究可以尝试采用自评和他评相结合的方式，从多方来源收集数据，尽量避免共同方法偏差。

第三，未探究其他可能的中介变量和调节变量。本书发现员工对领导认同在真实型领导和辱虐型领导两种领导风格与员工追随行为的关系之间扮演了中介变量的角色，但却是部分中介变量。这意味着，在真实型领导、辱虐型领导作用于员工追随行为的过程中还存在着其他中介变量，本书未予以探究。因此，后续研究可以进一步挖掘潜在的中介变量，以期能够更加全面和完整地解释领导风格与员工追随行为之间关系的内在作用机制。另外，本书仅考察了权力距离导向的调节作用，而未考虑到员工的其他文化价值观特征或者其他的情景特征等，因此，后续研究可以进一步挖掘领导风格影响效应的边界条件。

参考文献

［1］ Aiken L. S. , West S. G. . Multiple Regression: Testing and Interpreting Interactions ［M］. Thousand Oaks: Sage, 1991.

［2］ An F. , Wang B. . Abusive Supervision and Counterproductive Work Behavior: Moderating Effect of Negative Affectivity ［J］. Journal of Service Science and Management, 2016, 9 （1）: 66 – 73.

［3］ Aryee S. , Chen Z. X. , Sun L. , et al. . Antecedents and Outcomes of Abusive Supervision: Test of a Trickle – down Model ［J］. Journal of Applied Psychology, 2007, 92 （1）: 191 – 201.

［4］ Ashforth B. E. , Mael F. . Social Identity Theory and the Organization ［J］. Academy of Management Review, 1989, 14 （1）: 20 – 39.

［5］ Avolio B. J. , Gardner W. L. , Walumbwa F. O. , et al. . Unlocking the Mask: A Look at the Process by Which Authentic Leaders Impact Follower Attitudes and Behaviors ［J］. Leadership Quarterly, 2004, 15 （6）: 801 – 823.

［6］ Avolio B. J. , Gardner W. L. . Authentic Leadership Development: Getting to the Root of Positive Forms of Leadership ［J］. The Leadership Quarterly, 2005, 16 （3）: 315 – 338.

［7］ Avolio B. J. , Walumbwa F. O. , Weber T. . Leadership: Current Theories, Research, and Future Directions ［J］. Annual Review of Psychology, 2009, 60 （1）: 421 – 449.

［8］ Avolio B. J. . Promoting Integrative Strategies for Leadership Theory – Building ［J］. American Psychologist, 2007, 62 （1）: 25 – 33.

［9］ Bandura A. . Social Learning Theory ［M］. Englewood Cliffs: Prentice - Hall, 1977.

［10］ Baron R. M. , Kenny D. A. . The Moderator - Mediator Variable Distinction in Social Psychological Research: Conceptual, Strategic, and Statistical Considerations ［J］. Journal of Personality and Social Psychology, 1986, 51 (6): 1173 - 1182.

［11］ Barrick M. R. , Mount M. K. . Autonomy as a Moderator of the Relationships Between the Big Five Personality Dimensions and Job Performance ［J］. Journal of Applied Psychology, 1993, 78 (1): 111 - 118.

［12］ Bateman T. S. , Organ D. W. . Job Satisfaction and the Good Soldier: The Relationship Between Affect and Employee "Citizenship" ［J］. Academy of Management Journal, 1983, 26 (4): 587 - 595.

［13］ Begley P. T. . Understanding Valuation Processes: Exploring the Linkage Between Motivation and Action ［J］. International Studies in Educational Administration, 2001 (32): 4 - 17.

［14］ Bhindi N. , Duignan P. . Leadership for a New Century Authenticity, Intentionality, Spirituality and Sensibility ［J］. Educational Management Administration and Leadership, 1997, 25 (2): 117 - 132.

［15］ Bjugstad K. , Thach E. C. , Thompson K. J. , et al. . A Fresh Look at Followership: A Model for Matching Followership and Leadership Styles ［J］. Journal of Behavioral and Applied Management, 2006 (5): 304 - 319.

［16］ Blau P. M. . Exchange and Power in Social Life ［M］. New York: John Wiley and Sons, 1964.

［17］ Brammer S. , Millington A. , Rayton B. . The Contribution of Corporate Social Responsibility to Organizational Commitment ［J］. The International Journal of Human Resource Management, 2007, 18 (10): 1701 - 1719.

［18］ Brockner J. , Ackerman G. , Greenberg J. , et al. . Culture and Procedural Justice: The Influence of Power Distance On Reactions to Voice ［J］. Journal of Experimental Social Psychology, 2001, 37 (4): 300 - 315.

［19］ Burke P. J. . Identity Processes and Social Stress ［J］. American Sociological Review, 1991, 56 (6): 836 - 849.

[20] Burton J. P. , Taylor S. G. , Barber L. K. . Understanding Internal, External, and Relational Attributions for Abusive Supervision [J]. Journal of Organizational Behavior, 2014, 35 (6): 871 – 891.

[21] Carlson D. , Ferguson M. , Hunter E. , et al. . Abusive Supervision and Work – Family Conflict: The Path Through Emotional Labor and Burnout [J]. Leadership Quarterly, 2012, 23 (5): 849 – 859.

[22] Carsten M. K. , Uhl – Bien M. , West B. J. , et al. . Exploring Social Constructions of Followership: A Qualitative Study [J]. The Leadership Quarterly, 2010, 21 (3): 543 – 562.

[23] Chaleff I. . Effective Followership [J]. Executive Excellence, 1995 (13): 3 – 4.

[24] Chaleff I. . The Courageous Follower: Standing Up to and for Our Leaders [M]. San Francisco: Berrett – Koehler Publishers, Inc. 2004.

[25] Chandra T. , Priyono P. . The Influence of Leadership Styles, Work Environment and Job Satisfaction of Employee Performance—Studies in the School of SMPN 10 Surabaya [J]. International Education Studies, 2015, 9 (1): 131.

[26] Chiaburu D. S. , Peng A. C. , Oh I. , et al. . Antecedents and Consequences of Employee Organizational Cynicism: A Meta – Analysis [J]. Journal of Vocational Behavior, 2013, 83 (2): 181 – 197.

[27] Clapp – Smith R. , Vogelgesang G. R. , Avey J. B. . Authentic Leadership and Positive Psychological Capital: The Mediating Role of Trust at the Group Level of Analysis [J]. Journal of Leadership and Organizational Studies, 2009, 15 (3): 227 – 240.

[28] Clugston M. , Howell J. P. , Dorfman P. W. . Does Cultural Socialization Predict Multiple Bases and Foci of Commitment? [J]. Journal of Management, 2000, 26 (1): 5 – 30.

[29] Collinson D. . Rethinking Followership: A Post – Structuralist Analysis of Follower Identities [J]. The Leadership Quarterly, 2006, 17 (2): 179 – 189.

[30] Colquitt J. A. . Justice at the Millennium: A Meta – Analytic Review of 25 Years of Organizational Justice Research [J]. Journal of Applied Psychology, 2001,

86 (3): 425 - 445.

[31] Cooper C. D. , Scandura T. A. , Schriesheim C. A. . Looking Forward but Learning from Our Past: Potential Challenges to Developing Authentic Leadership Theory and Authentic Leaders [J]. Leadership Quarterly, 2005, 16 (3): 475 - 493.

[32] Decoster S. , Camps J. , Stouten J. , et al. . Standing by Your Organization: The Impact of Organizational Identification and Abusive Supervision on Followers' Perceived Cohesion and Tendency to Gossip [J]. Journal of Business Ethics, 2013, 118 (3): 623 - 634.

[33] DePree M. . Leadership is an Art [M]. New York, NY: Dell Publishing, 1992.

[34] DeRue D. S. , Ashford S. J. . Who Will Lead and Who Will Follow? A Social Process of Leadership Identity Construction in Organizations [J]. Academy of Management Review, 2010, 35 (4): 627 - 647.

[35] Dorfman P. W. , Howell J. P. . Dimensions of National Culture and Effective Leadership Patterns: Hofstede Revisited [J]. Advances in International Comparative Management, 1988 (3): 127 - 150.

[36] Dyne L. V. , Cummings L. L. , Parks M. L. . Extra - role Behaviors: In Pursuit of Construct and Definitional Clarity [J]. Research in Organizational Behavior, 1995 (17): 215 - 285.

[37] Edwards M. R. , Peccei R. . Organizational Identification: Development and Testing of a Conceptually Grounded Measure [J]. European Journal of Work and Organizational Psychology, 2007, 16 (1): 25 - 57.

[38] Ehrhart M. G. , Klein K. J. . Predicting Followers' Preferences for Charismatic Leadership: The Influence of Follower Values and Personality [J]. The Leadership Quarterly, 2001, 12 (2): 153 - 179.

[39] Einarsen S. , Aasland M. S. , Skogstad A. . Destructive Leadership Behavior: A Definition and Conceptual Model [J]. Leadership Quarterly, 2007, 18 (3): 207 - 216.

[40] Eisenberger R. , Huntington R. , Hutchison S. , et al. . Perceived Organizational Support [J]. Journal of Applied Psychology, 1986, 71 (3): 500 - 507.

［41］ Eisenberger R. , Lynch P. , Aselage J. , et al. . Who Takes the Most Revenge? Individual Differences in Negative Reciprocity Norm Endorsement ［J］. Personality and Social Psychology Bulletin, 2004, 30 (6): 789 – 799.

［42］ Farh J. L. , Hackett R. D. , Liang J. . Individual – Level Cultural Values as Moderators of Perceived Organizational Support – Employee Outcome Relationships in China: Comparing the Effects of Power Distance and Traditionality ［J］. Academy of Management Journal, 2007, 50 (3): 715 – 729.

［43］ Farmer S. M. , Tierney P. , Kung – Mcintyre K. . Employee Creativity in Chinese Taiwan: An Application of Role Identity Theory ［J］. Academy of Management Journal, 2003, 46 (5): 618 – 630.

［44］ Gardner W. L. , Avolio B. J. , Luthans F. , et al. . "Can You See the Real Me?" A Self – Based Model of Authentic Leader and Follower Development ［J］. The Leadership Quarterly, 2005, 16 (3): 343 – 372.

［45］ Gardner W. L. , Cogliser C. C. , Davis K. M. , et al. . Authentic Leadership: A Review of the Literature and Research Agenda ［J］. The Leadership Quarterly, 2011, 22 (6): 1120 – 1145.

［46］ Gelfand M. J. , Erez M. , Aycan Z. . Cross – Cultural Organizational Behavior ［J］. Annual Review of Psychology, 2007, 58 (1): 479 – 514.

［47］ George B. , Sims P. , McLean A. N. , et al. . Discovering Your Authentic Leadership ［J］. Harvard Business Review, 2007, 85 (2): 129 – 138.

［48］ George B. . Authentic Leadership: Rediscovering the Secrets to Creating Lasting Value ［M］. San Francisco: Jossey – Bass, 2003.

［49］ Hannah S. T. , Walumbwa F. O. , Fry L. W. . Leadership in Action Teams: Team Leader and Members' Authenticity, Authenticity Strength, and Team Outcomes ［J］. Personnel Psychology, 2011, 64 (3): 771 – 802.

［50］ Harris K. J. , Harvey P. , Kacmar K. M. . Abusive Supervisory Reactions to Coworker Relationship Conflict ［J］. Leadership Quarterly, 2011, 22 (5): 1010 – 1023.

［51］ Harvey P. , Stoner J. , Hochwarter W. , et al. . Coping with Abusive Supervision: The Neutralizing Effects of Ingratiation and Positive Affect On Negative Employee Outcomes ［J］. The Leadership Quarterly, 2007, 18 (3): 264 – 280.

[52] Henderson J. E. , Hoy W. K. . Leader Authenticity: The Development and Test of an Operational Measure [J]. Educational & Psychological Research, 1983, 3 (2): 63 – 75.

[53] Hirst G. , Walumbwa F. , Aryee S. , et al. . A Multi – Level Investigation of Authentic Leadership as an Antecedent of Helping Behavior [J]. Journal of Business Ethics, 2016, 139 (3): 485 – 499.

[54] Hmieleski K. M. , Cole M. S. , Baron R. A. . Shared Authentic Leadership and New Venture Performance [J]. Journal of Management, 2012, 38 (5): 1476 – 1499.

[55] Hobfoll S. E. . The Influence of Culture, Community, and the Nested – Self in the Stress Process: Advancing Conservation of Resources Theory [J]. Applied Psychology, 2001, 50 (3): 337 – 421.

[56] Hofstede G. H. . Culture's Consequences: International Differences in Work – Related Values [M]. London: Sage Publications, 1984.

[57] Hofstede G. . Culture's Consequences: International Differences in Work – Related Values [M]. Beverly Hills: Sage, 1980.

[58] Homans G. C. . Social Behavior as Exchange [J]. American Journal of Sociology, 1958, 63 (6): 597 – 606.

[59] Hornung S. , Rousseau D. M. , Glaser J. . Creating Flexible Work Arrangements Through Idiosyncratic Deals [J]. Journal of Applied Psychology, 2008, 93 (3): 655 – 664.

[60] Howell J. P. , Costley D. L. . Understanding Behaviors for Effective Leadership [M]. Upper Saddle River: Prentice Hall, 2003.

[61] Howell J. M. , Shamir B. . The Role of Followers in the Charismatic Leadership Process: Relationships and Their Consequences [J]. Academy of Management Review, 2005, 30 (1): 96 – 112.

[62] Hsiung H. H. . Authentic Leadership and Employee Voice Behavior: A Multi – Level Psychological Process [J]. Journal of Business Ethics, 2012, 107 (3): 349 – 361.

[63] Hunt J. G. . What is Leadership? [J]. The Nature of Leadership, 2004 (3): 19 – 47.

［64］ Ilies R. , Morgeson F. P. , Nahrgang J. D. . Authentic Leadership and Eudaemonic Well – Being: Understanding Leader – Follower Outcomes ［J］. Leadership Quarterly, 2005, 16 (3): 373 – 394.

［65］ Jordan J. , Brown M. E. , Trevino L. K. , et al. . Someone to Look Up To: Executive – Follower Ethical Reasoning and Perceptions of Ethical Leadership ［J］. Journal of Management, 2013, 39 (3): 660 – 683.

［66］ Kark R. , Shamir B. , Chen G. . The Two Faces of Transformational Leadership: Empowerment and Dependency ［J］. Journal of Applied Psychology, 2003, 88 (2): 246 – 255.

［67］ Kellerman B. . Bad Leadership: What It is, How It Happens, Why It Matters ［M］. Boston, MA: Harvard Business School Press, 2004.

［68］ Kellerman B. . Followership: How Followers are Creating Change and Changing Leaders ［M］. Boston: Harvard Business Press, 2008.

［69］ Kelley R. E. . In Praise of Followers ［J］. Harvard Business Review, 1988 (11 – 12): 142 – 148.

［70］ Kim T. Y. , Leung K. . Forming and Reacting to Overall Fairness: A Cross – cultural Comparison ［J］. Organizational Behavior and Human Decision Processes, 2007, 104 (1): 83 – 95.

［71］ Kirkman B. L. , Chen G. , Farh J. L. , et al. . Individual Power Distance Orientation and Follower Reactions to Transformational Leaders: A Cross – Level, Cross – Cultural Examination ［J］. Academy of Management Journal, 2009, 52 (4): 744 – 764.

［72］ Kirkman B. L. , Lowe K. B. , Gibson C. B. . A Quarter Century of Culture's Consequences: A Review of Empirical Research Incorporating Hofstede's Cultural Values Framework ［J］. Journal of International Business Studies, 2006, 37 (3): 285 – 320.

［73］ Krasikova D. V. , Green S. G. , LeBreton J. M. . Destructive Leadership: A Theoretical Review, Integration, and Future Research Agenda ［J］. Journal of Management, 2013, 39 (5): 1308 – 1338.

［74］ Larson M. , Luthans F. . Potential Added Value of Psychological Capital in Predicting Work Attitudes ［J］. Journal of Leadership & Organizational Studies, 2006,

13 (2): 75 - 92.

[75] Leroy H., Anseel F., Gardner W. L., et al.. Authentic Leadership, Authentic Followership, Basic Need Satisfaction, and Work Role Performance: A Cross - Level Study [J]. Journal of Management, 2015, 41 (6): 1677 - 1697.

[76] Leroy H., Palanski M. E., Simons T.. Authentic Leadership and Behavioral Integrity as Drivers of Follower Commitment and Performance [J]. Journal of Business Ethics, 2012, 107 (3): 255 - 264.

[77] Lian H. W., Ferris D. L., Brown D. J.. Does Power Distance Exacerbate or Mitigate the Effects of Abusive Supervision? It Depends On the Outcome [J]. Journal of Applied Psychology, 2012, 97 (1): 107 - 123.

[78] Lipman - Blumen J.. The Allure of Toxic Leaders: Why We Follow Destructive Bosses and Corrupt Politicians, and How We Can Survive Them [M]. New York, Oxford University Press, 2005.

[79] Liu C., Yang L. Q., Nauta M. M.. Examining the Mediating Effect of Supervisor Conflict on Procedural Injustice - Job Strain Relations: The Function of Power Distance [J]. Journal of Occupational Health Psychology, 2013, 18 (1): 64 - 74.

[80] Liu J. D., Chuang P. K., Si G. Y.. The Application of Self - Determination Theory Among Chinese Populations [J]. Advances in Psychological Science, 2013, 21 (10): 1803 - 1813.

[81] Lord R. G., Brown D. J.. Leadership Processes and Follower Self - identity [M]. Mahwah, NJ: Lawrence Erlbaum Associates, 2004.

[82] Luthans F., Peterson S. J., Ibrayeva E., et al.. The Potential for the "Dark Side" of Leadership in Post Communist Countries [J]. Journal of World Business, 1998, 33 (2): 185 - 201.

[83] Luthans F., Avolio B. J.. Authentic Leadership: A Positive Developmental Approach [A] // In: Cameron, K. S., Dutton, J. E. and Quinn, R. E., Eds.. Positive Organizational Scholarship [C]. San Francisco: Barrett - Koehler, 2003.

[84] Macey W. H., Schneider B.. The Meaning of Employee Engagement [J]. Industrial and Organizational Psychology, 2008, 1 (1): 3 - 30.

[85] Mael F., Ashforth B. E.. Alumni and Their Alma Matter: A Partial Test of

the Reformulated Model of Organizational Identification [J]. Journal of Organizational Behavior, 1992, 13 (2): 103 – 123.

[86] Masterson S. S. , Lewis K. , Goldman B. M. , et al.. Integrating Justice and Social Exchange: The Differing Effects of Fair Procedures and Treatment on Work Relationships [J]. Academy of Management Journal, 2000, 43 (6): 738 – 748.

[87] Mawritz M. B. , Mayer D. M. , Hoobler J. M. , et al.. A Trickle – down Model of Abusive Supervision [J]. Personnel Psychology, 2012, 65 (2): 325 – 357.

[88] Meyer J. P. , Becker T. E. , Dick R. V.. Social Identities and Commitments at Work: Toward an Integrative Model [J] . Journal of organizational Behavior, 2006, 27 (5): 665 – 683.

[89] Meyer J. P. , Herscovitch L.. Commitment in the Workplace: Toward a General Model [J]. Human Resource Management Review, 2001, 11 (3): 299 – 326.

[90] Meyer J. P. , Allen N. J.. A Three Components Conceptualization of Organizatioanl Commitment [J] . Human Resource Management Review, 1991, 1 (1): 61 – 89.

[91] Mitchell M. S. , Ambrose M. L.. Abusive Supervision and Workplace Deviance and the Moderating Effects of Negative Reciprocity Beliefs [J]. Journal of Applied Psychology, 2007, 92 (4): 1159 – 1168.

[92] Neider L. L. , Schriesheim C. A.. The Authentic Leadership Inventory (ALI): Development and Empirical Tests [J]. The Leadership Quarterly, 2011, 22 (6): 1146 – 1164.

[93] Organ D. W.. Organizational Citizenship Behavior: The Good Soldier Syndrome [M]. Lexington: Lexington Books, 1988.

[94] Organ D. W. , Ryan K.. A Meta – Analytic Review of Attitudinal and Dispositional Predictors of Organizational Citizenship Behavior [J]. Personnel Psychology, 1995, 48 (4): 755 – 802.

[95] Padilla A. , Hogan R. , Kaiser R. B.. The Toxic Triangle: Destructive Leaders, Susceptible Followers, and Conducive Environments [J]. Leadership Quarterly, 2007, 18 (3): 176 – 194.

［96］Pare G. , Tremblay M. . The Influence of High – Involvement Human Resources Practices, Procedural Justice, Organizational Commitment, and Citizenship Behaviors on Information Technology Professionals' Turnover Intentions ［J］. Group Organization Management, 2007, 32（3）: 326 – 357.

［97］Park S. , Stylianou A. , Subramaniam C. , et al. . Information Technology and Interorganizational Learning: An Investigation of Knowledge Exploration and Exploitation Processes ［J］. Information and Management, 2015, 52（8）: 998 – 1011.

［98］Peterson S. J. , Walumbwa F. O. , Avolio B. J. , et al. . The Relationship Between Authentic Leadership and Follower Job Performance: The Mediating Role of Follower Positivity in Extreme Contexts ［J］. The Leadership Quarterly, 2012, 23（3）: 502 – 513.

［99］Podsakoff P. M. , MacKenzie S. B. , Lee J. Y. , et al. . Common Method Biases in Behavioral Research: A Critical Review of the Literature and Recommended Remedies ［J］. Journal of Applied Psychology, 2003, 88（5）: 879 – 903.

［100］Porter L. W. , Steers R. M. , Mowday R. T. . Organization Commitment, Job Satisfaction, and Turnover among Psychiatric Technicians ［J］. Journal of Applied Psychology, 1974, 59（5）: 603 – 609.

［101］Pratt M. G. . To Be or Not to Be: Central Questions in Organizational Identification ［A］//In Whetten D. A. , Godfrey P. C. . Identity in organizations: Building Theory through Conversations ［C］. California: Sage, 1998.

［102］Rego A. , Sousa F. , Marques C. , et al. . Authentic Leadership Promoting Employees' Psychological Capital and Creativity ［J］. Journal of Business Research, 2012, 65（3）: 429 – 437.

［103］Rego A. , Vitoria A. , Magalhaes A. , et al. . Are Authentic Leaders Associated with More Virtuous, Committed and Potent Teams? ［J］. Leadership Quarterly, 2013, 24（1）: 61 – 79.

［104］Ribeiro N. , Gomes D. , Kurian S. . Authentic Leadership and Performance: The Mediating Role of Employees' Affective Commitment ［J］. Social Responsibility Journal, 2018, 14（1）: 213 – 225.

［105］Rome B. K. , Rome S. C. . Humanistic Research on Large Social Organizations [M]. New York: Mc Graw – Hill, 1967.

[106] Scott S. G., Lane V. R.. A Stakeholder Approach to Organizational Identity [J]. Academy of Management Review, 2000, 25 (1): 43 –62.

[107] Shamir B., Eilam G.. "What's Your Story?" A Life – Stories Approach to Authentic Leadership Development [J]. Leadership Quarterly, 2005, 16 (3): 395 –417.

[108] Shamir B.. Motivation of Followers [M]. Encyclopedia of Leadership, Sage, 2004.

[109] Sluss D. M., Ashforth B. E.. Relational Identity and Identification: Defining Ourselves Through Work Relationships [J]. Academy of Management Review, 2007, 32 (1): 9 –32.

[110] Steers R. M.. Antecedents and Outconmes of Organizational Commitment [J]. Administrative Science Quarterly, 1977, 22 (1): 380 –396.

[111] Tajfel H.. Human Groups and Social Categeories: Studies in Social Psychology [M]. New York: Cambridge University Press, 1981.

[112] Tepper B. J.. Abusive Supervision in Work Organizations: Review, Synthesis, and Research Agenda [J]. Journal of Management, 2007, 33 (3): 261 – 289.

[113] Tepper B. J.. Consequences of Abusive Supervision [J]. Academy of Management, 2000, 43 (2): 178 –190.

[114] Thomas M. D., Bainbridge W. L.. Shiring the Glory: Educational Leadership in the Future will Emanate Not from Positions, But from Knowedge, Wisdom, the Ability to Persuade and a Personal Commitment to Fairness and Justice – education [J]. Academy of Management Journal, 2003, 37 (4): 765 –781.

[115] Tsui A. S.. From Homogenization to Pluralism: International Management Research in the Academy and Beyond [J]. Academy of Management Journal, 2007, 50 (6): 1353 –1364.

[116] Uhl – Bien M., Riggio R. E., Lowe K. B., et al.. Followership Theory: A Review and Research Agenda [J]. The Leadership Quarterly, 2014, 25 (1): 83 –104.

[117] Walumbwa F. O., Avolio B. J., Gardner W. L., et al.. Authentic

Leadership：Development and Validation of a Theory – based Measure ［J］. Journal of Management, 2008, 34（1）：89 – 126.

［118］ Walumbwa F. O. , Luthans F. , Avey J. B. , et al. . Retracted：Authentically Leading Groups：The Mediating Role of Collective Psychological Capital and Trust ［J］. Journal of Organizational Behavior, 2011, 32（1）：4 – 24.

［119］ Walumbwa F. O. , Wang P. , Wang H. , et al. . Psychological Processes Linking Authentic Leadership to Follower Behaviors ［J］. The Leadership Quarterly, 2010, 21（5）：901 – 914.

［120］ Wang H. , Sui Y. , Luthans F. , et al. . Impact of Authentic Leadership on Performance：Role of Followers' Positive Psychological Capital and Relational Processes ［J］. Journal of Organizational Behavior, 2014, 35（1）：5 – 21.

［121］ Wei L. Q. , Liu J. , Chen Y. Y. , et al. . Political Skill, Supervisor – Subordinate Guanxi and Career Prospects in Chinese Firms ［J］. Journal of Management Studies, 2010, 47（3）：437 – 454.

［122］ Whitehead G. . Adolescent Leadership Development：Building a Case for an Authenticity Framework ［J］. Educational Management Administration and Leadership, 2009, 37（6）：847 – 872.

［123］ Whitman M. V. , Halbesleben J. R. B. , Holmes O. . Abusive Supervision and Feedback Avoidance：The Mediating Role of Emotional Exhaustion ［J］. Journal of Organizational Behavior, 2014, 35（1）：38 – 53.

［124］ Williams L. J. , Anderson S. E. . Job Satisfaction and Organizational Commitment as Predictors of Organizational Citizenship and In – Role Behaviors ［J］. Journal of Management, 1991, 17（3）：601 – 617.

［125］ Williams R. S. . Performance Management ［M］. London：International Thomson Business Press, 1988.

［126］ Wong C. A. , Laschinger H. K. , Cummings G. G. . Authentic Leadership and Nurses' Voice Behavior and Perceptions of Care Quality ［J］. Journal of Nursing, 2010, 18（8）：889 – 900.

［127］ Wu T. Y. , Hu C. . Abusive Supervision and Subordinate Emotional Labor：The Moderating Role of Openness Personality ［J］. Journal of Organizational Behavior,

2014, 35 (1): 38 - 53.

[128] Yammarino F. J., Dionne S. D., Schriesheim C. A., et al.. Authentic Leadership and Positive Organizational Behavior: A Meso, Multi - Level Perspective [J]. The Leadership Quarterly, 2008, 19 (6): 693 - 707.

[129] Yang J., Mossholder K. W., Peng T. K.. Procedural Justice Climate and Group Power Distance: An Examination of Cross - level Interaction Effects [J]. Journal of Applied Psychology, 2007, 92 (3): 681 - 692.

[130] Zellars K. L., Tepper B. J., Duffy M. K.. Abusive Supervision and Subordinates' Organizational Citizenship Behavior [J]. Journal of Applied Psychology, 2003, 87 (6): 1068 - 1076.

[131] Zhang Y., Chen C. C.. Developmental Leadership and Organizational Citizenship Behavior: Mediating Effects of Self - Determination, Supervisor Identification, and Organizational Identification [J]. The Leadership Quarterly, 2013, 24 (4): 534 - 543.

[132] Zhu X. M., Lian X., Hao L. F., et al.. The Impact of Abusive Supervision on Employees' Counterproductive Work Behavior: The Mediating Role of Emotional Exhaustion [J]. Journal of East China Economic Management, 2015, 9 (1): 128 - 133.

[133] 鲍明旭. 变革领导力对团队资源拼凑的影响 [D]. 长春: 吉林大学博士学位论文, 2017.

[134] 蔡礼彬, 陈正. 职场灵性对知识型员工工作倦怠与组织承诺间关系的调节作用研究 [J]. 中央财经大学学报, 2016 (9): 122 - 128.

[135] 陈楠, 李方君. 上司为何会辱骂你? 解析辱虐管理的产生机制 [J]. 中国人力资源开发, 2017 (9): 6 - 21.

[136] 陈佩, 杨付, 石伟. 公仆型领导: 概念、测量、影响因素与实施效果 [J]. 心理科学进展, 2016 (1): 143 - 157.

[137] 陈岩峰. 管理决策与文化相关性中外比较 [J]. 商业时代, 2006 (20): 8 - 25.

[138] 崔勋, 张义明, 瞿皎姣. 劳动关系氛围和员工工作满意度: 组织承诺的调节作用 [J]. 南开管理评论, 2012 (2): 19 - 30.

[139] 崔勋. 员工个人特性对组织承诺与离职意愿的影响研究 [J]. 南开管

理评论，2003（4）：4-11.

[140]［德］弗洛姆．逃避自由［M］．刘林海译．北京：国际文化出版公司，2007.

[141] 樊耘，门一，阎亮．晋升标准对员工角色外行为作用机制的研究——组织承诺的中介作用［J］．管理评论，2013（6）：67-75.

[142] 樊耘，阎亮，马贵梅．权力需要、组织承诺与角色外行为的关系研究——基于组织文化的调节效应［J］．科学学与科学技术管理，2013（1）：135-146.

[143] 樊耘，阎亮，张克勤．组织文化、人力资源管理实践与组织承诺［J］．科学学与科学技术管理，2012（9）：171-180.

[144] 封子奇，王雪，金盛华等．领导力的社会认同理论：主要内容及研究进展［J］．心理学探新，2014（2）：166-171.

[145] 高源，乐嘉昂，彭正龙．职场排斥影响因素的研究——一个有调节的中介模型［J］．科学学与科学技术管理，2016，37（4）：149-159.

[146] 郭玮，李燕萍，杜旌等．多层次导向的真实型领导对员工与团队创新的影响机制研究［J］．南开管理评论，2012（3）：51-60.

[147] 郭玮．真实氛围、真实型领导与创造力的多层次研究［D］．武汉：武汉大学博士学位论文，2011.

[148] 郭钟泽，谢宝国，程延园．如何提升知识型员工的工作投入？——基于资源保存理论与社会交换理论的双重视角［J］．经济管理，2016（2）：81-90.

[149] 韩翼，杨百寅．真实型领导：理论、测量与最新研究进展［J］．科学学与科学技术管理，2009（2）：170-175.

[150] 韩翼，杨百寅．真实型领导、心理资本与员工创新行为：领导成员交换的调节作用［J］．管理世界，2011（12）：78-86.

[151] 何文心，刘新梅，姚进．真实型领导与团队创造力——一个链式中介模型［J］．科技进步与对策，2019，36（8）：137-144.

[152] 贺伟，蒿坡．薪酬分配差异一定会降低员工情感承诺吗——薪酬水平、绩效薪酬强度和员工多元化的调节作用［J］．南开管理评论，2014（4）：13-23.

[153] 胡恩华．中国情景下劳资关系氛围与双组织承诺关系研究［J］．经济管理，2012（2）：66-75.

［154］胡建军，王立磊，张宁俊．组织认同对员工创新行为的激励作用
［J］.财经科学，2013（11）：64 – 72.

［155］胡三嫚．企业员工工作不安全感与组织承诺的关系研究——以心理契
约破坏感为中介变量［J］.经济管理，2012（8）：105 – 113.

［156］黄洁．辱虐管理对服务一线员工工作行为的影响机制研究［D］.济
南：山东大学博士学位论文，2016.

［157］江林．知识型员工的特点与管理［J］.经济理论与经济管理，2002
（9）：58 – 62.

［158］蒋春燕，赵曙明．知识型员工流动的特点、原因与对策［J］.中国软
科学，2001（2）：86 – 89.

［159］康勇军，王霄，彭坚．组织结构影响管家行为的双路径模型：观点采
择和情感承诺的中介作用［J］.南开管理评论，2018（4）：150 – 159.

［160］柯江林，孙健敏．心理资本对工作满意度、组织承诺与离职倾向的影
响［J］.经济与管理研究，2014（1）：121 – 128.

［161］孔芳，赵西萍．真实型领导及其与下属循环互动机制研究［J］.外国
经济与管理，2010（12）：50 – 56.

［162］郎艺，王辉．授权赋能领导行为与组织公民行为：员工的领导认同感
和组织心理所有权的作用［J］.心理科学，2016（5）：1229 – 1235.

［163］李从容，宋晓阳，段兴民．知识型新员工组织社会化对组织承诺影响
的追踪研究［J］.经济管理，2011（7）：69 – 77.

［164］李怀祖．管理研究方法论（第2版）［M］.西安：西安交通大学出版
社，2004.

［165］李劲松．领导伦理会有回报吗？——伦理型领导与员工绩效关系研究
［J］.经济管理，2013（5）：72 – 82.

［166］李磊，尚玉钒，席西民等．变革型领导与下属工作绩效及组织承诺：
心理资本的中介作用［J］.管理学报，2012（5）：685 – 691.

［167］李宪印，杨博旭，姜丽萍．职业生涯早期员工的工作满意度、组织承
诺与离职倾向关系研究［J］.中国软科学，2018（1）：163 – 170.

［168］李燕萍，涂乙冬．组织公民行为的价值取向研究［J］.管理世界，
2012（5）：1 – 7.

［169］李晔，张文慧，龙立荣．自我牺牲型领导对下属工作绩效的影响机制——战略定向与领导认同的中介作用［J］．心理学报，2015（5）：653－662．

［170］李燚，魏峰．高绩效人力资源实践有助于组织认同？——一个被中介的调节作用模型［J］．管理世界，2011（2）：109－117．

［171］李永占．变革型领导对员工创新行为的影响：心理授权与情感承诺的作用［J］．科研管理，2018（7）：126－133．

［172］李育辉，王桢，黄灿炜等．辱虐管理对员工心理痛苦和工作绩效的影响：一个被调节的中介模型［J］．管理评论，2016（2）：127－137．

［173］李宗波，陈红．上下属关系对员工知识分享行为的影响：组织认同和集体主义导向的作用［J］．管理工程学报，2015（3）：30－38．

［174］梁巧转，张真真，李洁．真实型领导对员工创新行为的影响机制［J］．西安交通大学学报（社会科学版），2016（2）：17－23．

［175］梁永奕，严鸣，储小平．辱虐管理研究新进展：基于多种理论视角的梳理［J］．外国经济与管理，2015（12）：59－72．

［176］林志扬，赵靖宇．真实型领导对员工承担责任行为的影响——员工内化动机和人际敏感特质的作用［J］．经济管理，2016（7）：71－81．

［177］凌文辁，张治灿，方俐洛．影响组织承诺的因素探讨［J］．心理学报，2001（3）：259－263．

［178］凌文辁，柳士顺，谢衡晓等．建设性领导与破坏性领导［M］．北京：科学出版社，2012．

［179］刘得格，时勘．辱虐管理、犬儒主义和组织情感承诺的关系——领导成员交换的调节中介作用［J］．广州大学学报（社会科学版），2015（9）：35－44．

［180］刘军．管理研究方法原理与应用［M］．北京：中国人民大学出版社，2008．

［181］刘俊，秦传燕．企业社会责任与员工绩效的关系：一项元分析［J］．心理科学进展，2018，26（7）：16－28．

［182］刘明霞，徐心吾．真实型领导对员工知识共享行为的影响机制——基于道德认同的中介作用［J］．中国软科学，2019（2）：171－180．

［183］刘生敏，廖建桥．"禽"中纳谏：多层次真实型领导对员工和团队抑制性建言的影响［J］．管理工程学报，2016（2）：142－151．

[184] 刘生敏. 员工权力距离对其抑制性建言的影响：真实型领导的调节作用 [J]. 中国人力资源开发，2016（19）：46 – 55.

[185] 刘小禹，孙健敏，苏琴. 工作感受和组织公平对员工组织承诺与职业承诺影响的跨层次研究 [J]. 经济科学，2011（1）：114 – 125.

[186] 刘永根. 社会交换论：古典根源与当代进展 [M]. 上海：上海人民出版社，2015.

[187] 刘彧彧，黄小科，丁国林等. 基于上下级关系的沟通开放性对组织承诺的影响研究 [J]. 管理学报，2011（3）：417 – 422.

[188] 刘远，周祖城. 员工感知的企业社会责任、情感承诺与组织公民行为的关系——承诺型人力资源实践的跨层调节作用 [J]. 管理评论，2015（10）：118 – 127.

[189] 刘宗华，李燕萍，郭昱琅等. 组织信任对知识分享的影响——组织认同和高承诺人力资源实践的作用 [J]. 经济与管理研究，2016（12）：113 – 122.

[190] 柳文轩，倪得兵，唐小我. 组织员工认同度与组织绩效间的关系 [J]. 中国管理科学，2014（S1）：574 – 580.

[191] 卢纪华，陈丽莉，赵希男. 组织支持感、组织承诺与知识型员工敬业度的关系研究 [J]. 科学学与科学技术管理，2013（1）：147 – 153.

[192] 吕伟萍. 大五人格与科研人员工作绩效的相关性研究 [J]. 中国人力资源开发，2011（8）：103 – 106.

[193] 罗瑾琏，赵佳，张洋. 知识团队真实型领导对团队创造力的影响及作用机理研究 [J]. 科技进步与对策，2013（8）：152 – 156.

[194] 罗岭，王娟茹. 回任人员职业成长、情感承诺与知识转移的关系 [J]. 经济管理，2016（11）：118 – 130.

[195] 马璐，朱双. 组织认同与关系冲突视角下不当督导对员工创新行为的影响 [J]. 科技进步与对策，2015（21）：150 – 155.

[196] 马吟秋，席猛，许勤等. 基于社会认知理论的辱虐管理对下属反生产行为作用机制研究 [J]. 管理学报，2017（8）：1153 – 1161.

[197] 毛畅果. 员工为何沉默：领导权力距离倾向与员工调控焦点的跨层次交互作用 [J]. 心理科学，2016（6）：1426 – 1433.

[198] 秦伟平，李晋，周路路. 真实型领导与团队创造力：被调节的中介作

用 [J].科学学与科学技术管理, 2015 (5): 171-180.

[199] 秦伟平, 李晋, 周路路等. 团队真实型领导对创造力的影响: LMX 的跨层作用 [J].管理工程学报, 2016 (3): 36-43.

[200] 秦伟平, 赵曙明. 多重认同视角下的新生代农民工组织公平感与工作嵌入关系研究 [J].管理学报, 2014 (10): 1445-1452.

[201] 邱皓政, 林碧芳. 结构方程模型的原理与应用 [M].北京: 中国轻工业出版社, 2009.

[202] 任荣. 组织认同、团队认同对合作研发绩效的影响——概念模型及相关假说 [J].经济管理, 2011 (12): 84-92.

[203] 容琰, 隋杨, 杨百寅. 领导情绪智力对团队绩效和员工态度的影响——公平氛围和权力距离的作用 [J].心理学报, 2015 (9): 1152-1161.

[204] 舒睿, 梁建. 基于自我概念的伦理领导与员工工作结果研究 [J].管理学报, 2015 (7): 1012-1020.

[205] 宋官东, 杨志天, 崔淼. 服从行为的心理学研究 [J].心理科学, 2008 (1): 249-252.

[206] 宋萌, 杨崇耀, 唐中君. 真诚型领导对员工主观幸福感的影响: 基于社会学习理论的解释 [J].中南大学学报 (社会科学版), 2015 (5): 146-153.

[207] 宋亚非, 师展, 冯殊伦. 组织承诺、知识共享和个体创新行为的关系研究 [J].财经问题研究, 2014 (12): 137-143.

[208] 苏雪梅, 葛建华. 组织认同理论研究述评与展望 [J].南大商学评论, 2007 (4): 149-162.

[209] 孙鸿飞, 倪嘉苒, 武慧娟等. 知识型员工心理资本与工作绩效关系实证研究 [J].科研管理, 2016 (5): 60-69.

[210] 孙健敏, 宋萌, 王震. 辱虐管理对下属工作绩效和离职意愿的影响: 领导认同和权力距离的作用 [J].商业经济与管理, 2013 (3): 45-53.

[211] 孙利平, 龙立荣, 李梓一. 被信任感对员工绩效的影响及其作用机制研究述评 [J].管理学报, 2018, 15 (1): 144-150.

[212] 孙敏. 组织身份认同的经济机制研究 [J].中央财经大学学报, 2016 (4): 90-94.

[213] 唐秀丽, 辜应康. 强颜欢笑还是真情实意: 组织认同、基于组织的自

尊对服务人员情绪劳动的影响 [J].旅游学刊，2016（1）：68-80.

［214］唐玉洁，宋合义．领导成员交换关系与组织公民行为：下属需求满足程度的调节作用 [J].经济管理，2015（9）：73-82.

［215］陶厚永，李薇，陈建安等．领导-追随行为互动研究：对偶心理定位的视角 [J].中国工业经济，2014（12）：104-117.

［216］屠兴勇，张琪，王泽英，何欣．信任氛围、内部人身份认知与员工角色内绩效：中介的调节效应 [J].心理学报，2017，49（1）：83-93.

［217］王碧英，高日光．中国组织情境下公仆型领导有效性的追踪研究 [J].心理科学进展，2014（10）：1532-1542.

［218］王怀勇，刘永芳．责任归因对公平感与情感承诺关系的调节作用研究 [J].心理科学，2012（5）：1202-1206.

［219］王辉，李晓轩，罗胜强．任务绩效与情境绩效二因素绩效模型的验证 [J].中国管理科学，2003（4）：80-85.

［220］王明辉，李婕，王峥峥等．精神型领导对员工情感承诺的影响：主观支持感的调节效应 [J].心理与行为研究，2015（3）：375-379.

［221］王顼．西方追随研究的三个视角 [J].现代商业，2010（29）：62.

［222］王永丽，张玉玲，张智宇等．破坏性领导行为对组织承诺的不同作用效果分析——员工文化价值观的调节作用 [J].管理评论，2013（11）：95-105.

［223］王勇，陈万明．企业真诚型领导的结构维度研究 [J].华东经济管理，2012（7）：98-101.

［224］王震，宋萌，孙健敏．真实型领导：概念、测量、形成与作用 [J].心理科学进展，2014，22（3）：458-473.

［225］王震，孙健敏，赵一君．中国组织情境下的领导有效性：对变革型领导、领导-部属交换和破坏型领导的元分析 [J].心理科学进展，2012，20（2）：174-190.

［226］王震，孙健敏，张瑞娟．管理者核心自我评价对下属组织公民行为的影响：道德式领导和集体主义导向的作用 [J].心理学报，2012（9）：1231-1243.

［227］王忠军，龙立荣，刘丽丹．仕途"天花板"：公务员职业生涯高原结构、测量与效果 [J].心理学报，2015（11）：1379-1394.

［228］魏丽萍，陈德棉，谢胜强．从真实型领导到真实型追随：一个跨层次

双元中介模型 [J].科学学与科学技术管理，2018（9）：149－164.

[229] 温忠麟，张雷，侯杰泰．有中介的调节变量和有调节的中介变量 [J].心理学报，2006（3）：448－452.

[230] 翁清雄，席酉民．动态职业环境下职业成长与组织承诺的关系 [J].管理科学学报，2011（3）：48－59.

[231] 吴隆增，刘军，梁淑美等．辱虐管理与团队绩效：团队沟通与集体效能的中介效应 [J].管理评论，2013（8）：151－159.

[232] 吴隆增，刘军，刘刚．辱虐管理与员工表现：传统性与信任的作用 [J].心理学报，2009（6）：510－518.

[233] 吴隆增，刘军，许浚．职场排斥与员工组织公民行为：组织认同与集体主义倾向的作用 [J].南开管理评论，2010（3）：36－44.

[234] 吴梦颖，彭正龙．破坏性领导、上级压力与强制性组织公民行为：领导－部属交换关系的调节作用 [J].管理评论，2018，30（10）：143－154.

[235] 吴明隆．SPSS 统计应用实务——问卷分析与应用统计 [M].北京：科学出版社，2003.

[236] 吴明隆．结构方程模型——Amos 实务进阶 [M].重庆：重庆大学出版社，2013.

[237] 吴明隆．问卷统计分析实务 [M].重庆：重庆大学出版社，2010.

[238] 席猛，刘玥玥，徐云飞等．基于社会交换理论的多重雇佣关系模式下员工敬业度研究 [J].管理学报，2018，15（8）：1144－1152.

[239] 席猛，许勤，仲为国等．辱虐管理对下属沉默行为的影响——一个跨层次多特征的调节模型 [J].南开管理评论，2015（3）：132－140.

[240] 谢衡晓．诚信领导的内容结构及其相关研究 [Z].第十一届全国心理学学术会议论文摘要集，2007.

[241] 谢俊，储小平，汪林．效忠主管与员工工作绩效的关系：反馈寻求行为和权力距离的影响 [J].南开管理评论，2012，15（2）：31－38.

[242] 徐碧琳，李涛．基于网络联盟环境的工作满意度、组织承诺与网络组织效率的关系研究 [J].南开管理评论，2011（1）：36－43.

[243] 徐红丹，曹元坤．追随动机研究述评及展望 [J].中国人力资源开发，2015（15）：18－25.

[244] 徐小凤，高日光．领导正直对员工情感承诺的影响：一个被调节的中介作用模型 [J]．预测，2019，38（3）：1－8．

[245] 徐燕，赵曙明．社会交换和经济交换对员工情感承诺和离职意向的影响研究——领导－成员交换关系的调节作用 [J]．科学学与科学技术管理，2011（11）：159－165．

[246] 许勤，席猛，赵曙明．辱虐管理与员工反生产行为的曲线关系研究 [J]．经济管理，2015（6）：143－153．

[247] 许晟．追随力对领导效能的作用机理研究 [M]．北京：经济管理出版社，2014．

[248] 闫培林．工作重塑对工作投入的影响：人－工作匹配与工作意义的作用 [J]．中国人力资源开发，2016（19）：6－13．

[249] 严鸣，涂红伟，李骥．认同理论视角下新员工组织社会化的定义及结构维度 [J]．心理科学进展，2011（5）：624－632．

[250] 颜爱民，裴聪．辱虐管理对工作绩效的影响及自我效能感的中介作用 [J]．管理学报，2013（2）：213－218．

[251] 杨春江，冯秋龙，田子州．变革型领导与员工任务绩效：主动性人格和领导－成员交换的作用 [J]．管理工程学报，2015（1）：39－46．

[252] 杨浩，杨百寅，韩翼等．建设性责任知觉对真实型领导与员工创新绩效关系的中介作用研究 [J]．管理学报，2016（4）：533－541．

[253] 杨红玲，彭坚．内隐追随理论研究述评 [J]．外国经济与管理，2015（3）：16－26．

[254] 杨洁，常铭超，黄勇．基于链式中介效应的真实型领导对员工创新行为影响研究 [J]．贵州财经大学学报，2019（3）：51－58．

[255] 叶龙，王蕊．谦卑与领导有效性：变革型领导的中介作用 [J]．经济与管理研究，2016（9）：96－104．

[256] 尹奎，邢璐，汪佳．授权型领导行为对员工任务绩效的非线性影响机制 [J]．心理科学，2016，41（3）：680－686．

[257] 袁庆宏，丁刚，李珲．知识型员工职业成长与离职意愿——组织认同和专业认同的调节作用 [J]．科学学与科学技术管理，2014（1）：155－164．

[258] 原涛，凌文辁．追随力研究述评与展望 [J]．心理科学进展，2010，

18（5）：769－780.

[259] 曾垂凯. 情感承诺对 LMX 与员工离职意向关系的影响 [J]. 管理评论，2012（11）：106－113.

[260] 张辉华. 个体情绪智力与任务绩效：社会网络的视角 [J]. 心理学报，2014（11）：1691－1703.

[261] 张辉华. 管理者情绪智力与领导有效性、晋升和离职的关系 [J]. 管理科学，2012（4）：69－78.

[262] 张剑，张微，Edward L. D.. 心理需要的满足与工作满意度：哪一个能够更好地预测工作绩效？[J]. 管理评论，2012（6）：98－104.

[263] 张凯丽，唐宁玉，陈景秋. 诚实的奖励：员工自我效能感、差错承认与绩效评估关系探究 [J]. 心理科学，2016（6）：1448－1453.

[264] 张蕾，于广涛，周文斌. 真实型领导对下属真实型追随的影响——基于认同中介和组织政治知觉调节作用的研究 [J]. 经济管理，2012（10）：97－106.

[265] 张莉，夏莹，孙达. 基于集体主义情境的变革型领导、组织承诺与离职倾向研究 [J]. 管理学报，2013（9）：1316－1322.

[266] 张勉，张德，王颖. 企业雇员组织承诺三因素模型实证研究 [J]. 南开管理评论，2002（5）：70－75.

[267] 张倩，何姝霖，时小贺. 企业社会责任对员工组织认同的影响——基于 CSR 归因调节的中介作用模型 [J]. 管理评论，2015（2）：111－119.

[268] 张生太，杨蕊. 心理契约破裂、组织承诺与员工绩效 [J]. 科研管理，2011（12）：134－142.

[269] 张玮，刘延平. 组织文化对组织承诺的影响研究——职业成长的中介作用检验 [J]. 管理评论，2015（8）：117－126.

[270] 张燕红，廖建桥. 团队真实型领导、新员工反馈寻求行为与社会化结果 [J]. 管理科学，2015（2）：126－136.

[271] 张振刚，余传鹏，林春培. 企业履行社会责任对员工工作满意度的影响——组织情感承诺为中介变量 [J]. 经济管理，2012（3）：76－84.

[272] 张宗贺，刘帮成. 人－职位匹配、组织支持感与个体绩效关系研究——以公共部门员工为实证对象 [J]. 管理学刊，2017，30（6）：46－55.

[273] 赵琛徽，杨阳阳. 劳务派遣员工身份感知对工作嵌入的影响——基于

双情感承诺视角 [J].经济管理，2015（6）：66－74.

[274] 赵红丹，夏青.破坏性领导与研发人员知识藏匿：基于本土高新技术企业的实证研究 [J].科技进步与对策，2016（4）：127－130.

[275] 赵慧娟，龙立荣.基于多理论视角的个人－环境匹配、自我决定感与情感承诺研究 [J].管理学报，2016（6）：836－846.

[276] 赵慧军，席燕平.员工追随行为结构验证及其对工作绩效的影响 [J].中国人力资源开发，2015（15）：40－46.

[277] 赵慧军，席燕平.组织体系中的追随研究述评 [J].首都经济贸易大学学报，2014（6）：104－108.

[278] 赵慧军.追随行为的探索性研究 [J].经济与管理研究，2013（4）：106－110.

[279] 郑晓明，刘鑫.互动公平对员工幸福感的影响：心理授权的中介作用与权力距离的调节作用 [J].心理学报，2016（6）：693－709.

[280] 支运波.人文社会科学研究中的文献综述撰写 [J].理论月刊，2015（3）：79－83.

[281] 仲理峰，王震，李梅等.变革型领导、心理资本对员工工作绩效的影响研究 [J].管理学报，2013（4）：536－544.

[282] 周飞，林春培，孙锐.道德领导与组织管理创新关系研究：非正式知识共享的中介作用 [J].管理评论，2015（5）：169－177.

[283] 周浩，龙立荣，王宇清.整体公平感、情感承诺和员工偏离行为：基于多对象视角的分析 [J].管理评论，2016（11）：162－169.

[284] 周浩，龙立荣.共同方法偏差的统计检验与控制方法 [J].心理科学进展，2004（6）：942－950.

[285] 周蕾蕾.企业诚信领导对员工组织公民行为影响研究 [D].武汉：武汉大学博士学位论文，2010.

[286] 周文杰，宋继文，李浩澜.中国情境下追随力的内涵、结构与测量 [J].管理学报，2015（3）：355－363.

[287] 周文杰.中国情境下追随力的测量及其与领导风格的关系和作用机制研究 [D].北京：中国人民大学硕士学位论文，2014.

[288] 朱其权，龙立荣，孙海法等.仁慈领导与变革管理对员工变革情感承

诺作用效果研究 [J]. 管理学报，2017（2）：205 – 212.

［289］朱瑜，谢斌斌. 差序氛围感知与沉默行为的关系：情感承诺的中介作用与个体传统性的调节作用 [J]. 心理学报，2018（5）：71 – 80.

附 录

附录1 预测试问卷

尊敬的各位同人：

感谢您在百忙之中参与本次调研！我是首都经济贸易大学工商管理学院的博士研究生，目前在开展一项科学研究，目的是了解您在工作中的一些看法。这些看法没有好坏之分，只是表明每个人的不同特征。请在回答前仔细阅读每一部分的说明。本调查可能需要您15分钟的时间。

本调查只作为学术研究使用，数据将完全保密。您回答的客观性对本课题的研究结果至关重要，希望您能客观、如实填写，而不是随意勾选。

十分感谢您愿意花时间配合，祝您身体健康、工作顺利！

首都经济贸易大学工商管理学院

第一部分

下面是一些关于您"自己"的陈述，与您的实际情况可能相符也可能不相符。 请根据右侧的回答标准，在相应的位置上打"√"或画"○"。	1 非常不符合	2 不符合	3 不确定	4 符合	5 非常符合
【题目中的领导是指您的直接领导】					
1. 我敬佩并学习领导在业务、管理等方面的能力	1	2	3	4	5
2. 领导发言时，我总是非常专注地学习吸收	1	2	3	4	5
3. 我根据领导的建议决定职业发展方向	1	2	3	4	5
4. 我敬佩并学习领导的为人和品行	1	2	3	4	5
5. 我根据领导的意图设立自己潜在的工作目标	1	2	3	4	5
6. 当领导与别人意见发生分歧时，我毫不犹豫声援领导	1	2	3	4	5
7. 为完成领导交办的任务，我会牺牲业余时间，甚至是健康	1	2	3	4	5
8. 即使领导的事业遇到挫折，我也会不离不弃	1	2	3	4	5
9. 我不会公开同领导唱反调	1	2	3	4	5
10. 我不会与领导产生误解和矛盾	1	2	3	4	5
11. 日常交往中我注意维护领导的面子和权威	1	2	3	4	5
12. 同事说领导坏话时，我会站出来维护领导	1	2	3	4	5
13. 领导布置工作的潜在意图我能够完全领会	1	2	3	4	5
14. 领导交代任务时不需要详细解释我也能心领神会	1	2	3	4	5
15. 我的工作结果总是能达到领导的要求	1	2	3	4	5
16. 我经常向领导积极建言、出谋划策	1	2	3	4	5
17. 我会完善领导的想法使之更可行	1	2	3	4	5
18. 我经常主动向领导汇报工作情况	1	2	3	4	5
19. 我经常与领导商量具体问题的解决办法	1	2	3	4	5
20. 我对领导布置的工作精益求精，力求最好的表现	1	2	3	4	5
21. 领导布置的任务我会想尽办法克服困难完成	1	2	3	4	5
22. 领导做决策时不需要征询下属的意见	1	2	3	4	5
23. 领导应该拥有一些特权	1	2	3	4	5
24. 领导不应该和下属过多地交换意见	1	2	3	4	5
25. 领导应当避免与下属有工作之外的交往	1	2	3	4	5
26. 下属不应该反对领导的决定	1	2	3	4	5

第一部分

下面是一些关于您"自己"的陈述，与您的实际情况可能相符也可能不相符。

请根据右侧的回答标准，在相应的位置上打"√"或画"○"。

【题目中的领导是指您的直接领导】

	1 非常不符合	2 不符合	3 不确定	4 符合	5 非常符合
27. 领导不应该把重要的事情授权给下属去解决	1	2	3	4	5
28. 我的领导能够清楚地表达他真实的意思	1	2	3	4	5
29. 我的领导内在信念和外在行为表现一致	1	2	3	4	5
30. 我的领导想听到对他的核心理念提出挑战的想法	1	2	3	4	5
31. 对于他人怎么评价他的能力，我的领导能客观描述	1	2	3	4	5
32. 我的领导依据他的内在原则来做决定	1	2	3	4	5
33. 在下结论前，我的领导能够认真倾听各种不同的观点	1	2	3	4	5
34. 我的领导清楚地知道自己的优势和劣势	1	2	3	4	5
35. 我的领导能够坦率地与其他人分享信息	1	2	3	4	5
36. 我的领导能够顶住压力，反对做有违他理念的事情	1	2	3	4	5
37. 在做决定之前，我的领导能够客观地分析相关数据	1	2	3	4	5
38. 我的领导清楚地知道他对其他人的影响	1	2	3	4	5
39. 我的领导可以清楚地向他人表达想法和思想	1	2	3	4	5
40. 我的领导通过内在道德准则指导自己的行为	1	2	3	4	5
41. 我的领导鼓励他人说出反对意见	1	2	3	4	5
42. 我的领导有时候会嘲笑我	1	2	3	4	5
43. 我的领导说我的想法或感受是愚蠢的	1	2	3	4	5
44. 我的领导会让我在别人面前难堪	1	2	3	4	5
45. 我的领导在别人面前对我的评价是消极的	1	2	3	4	5
46. 我的领导说我是不称职的	1	2	3	4	5
47. 我的领导鼓励我在没有他直接干预的情况下自己寻找问题的解决方案	1	2	3	4	5
48. 我的领导敦促我自己承担责任	1	2	3	4	5
49. 我的领导建议我在遇到临时问题时，不要经常去征求他的许可，而要自己解决	1	2	3	4	5
50. 我的领导鼓励我不依靠他的指导去寻找解决办法	1	2	3	4	5

续表

第一部分 下面是一些关于您"自己"的陈述，与您的实际情况可能相符也可能不相符。 请根据右侧的回答标准，在相应的位置上打"√"或画"○"。	1 非常 不符合	2 不符合	3 不确定	4 符合	5 非常 符合
【题目中的领导是指您的直接领导】					
51. 我的领导敦促我把问题看成是机会而不是障碍	1	2	3	4	5
52. 我的领导建议我在面对问题时寻找机会	1	2	3	4	5
53. 我的领导鼓励我把失败看作一次学习的机会	1	2	3	4	5
54. 我的领导敦促我和组织中的其他成员像一个团队一样工作	1	2	3	4	5
55. 我的领导鼓励我和组织中的其他成员一起工作	1	2	3	4	5
56. 我的领导建议我和组织中的其他成员相互合作	1	2	3	4	5
57. 当人们发生争论时，应该请最有资历的前辈来判断对错	1	2	3	4	5
58. 孩子应该尊重那些他们父母所尊敬的人	1	2	3	4	5
59. 避免错误的最好方法就是遵从有资历的前辈们的指示	1	2	3	4	5
60. 女性在结婚前应该服从父亲，结婚后应该服从丈夫	1	2	3	4	5
61. 国家领导人就像一家之主一样，公民应该服从他在所有国家问题上的决定	1	2	3	4	5
62. 在假期或者下班后，我会打电话给我的领导或拜访他	1	2	3	4	5
63. 我的领导会邀请我到他家吃午餐或者晚餐	1	2	3	4	5
64. 在某些特殊的时候（如领导生日），我会拜访他或送礼物给他	1	2	3	4	5
65. 我总是主动地与我的领导分享我的观点、问题、需要和感受	1	2	3	4	5
66. 我关心并且能较好地理解我的领导的家庭和工作状况	1	2	3	4	5
67. 当存在观点冲突的时候，我一定会支持我的领导的观点	1	2	3	4	5
68. 当有人批评我的领导时，我感觉就像是自己受到了侮辱	1	2	3	4	5
69. 我非常关心别人如何看待我的领导	1	2	3	4	5

第一部分 下面是一些关于您"自己"的陈述，与您的实际情况可能相符也可能不相符。 请根据右侧的回答标准，在相应的位置上打"√"或画"〇"。 【题目中的领导是指您的直接领导】	1 非常 不符合	2 不符合	3 不确定	4 符合	5 非常 符合
70. 当我谈论起我的领导时，我通常说"我们"而不是"他们"	1	2	3	4	5
71. 我的领导的成功也是我的成功	1	2	3	4	5
72. 当有人赞扬我的领导时，我感觉就像是自己受到了赞扬一样	1	2	3	4	5
73. 如果媒体有报道批评我的领导，我会感到不安	1	2	3	4	5
74. 我认真履行了岗位所应承担的责任	1	2	3	4	5
75. 不同时间段的任务指标我都已如期完成	1	2	3	4	5
76. 通过努力，我的年度预期目标已按期实现	1	2	3	4	5
77. 组织对我的岗位工作业绩表示满意	1	2	3	4	5
78. 领导对我的积极工作态度给予高度认可	1	2	3	4	5
79. 我有时会利用个人人脉为组织发展服务	1	2	3	4	5
80. 对于组织发展中的困难，我不会袖手旁观	1	2	3	4	5
81. 对组织有利的事，不管分内分外我都会做	1	2	3	4	5
82. 当工作需要时，我会放弃休息时间主动加班	1	2	3	4	5
83. 我自觉为组织控制不必要的开支与浪费	1	2	3	4	5
84. 我会帮助工作有困难的同事完成其任务	1	2	3	4	5
85. 我一直把公司的问题看成是我自己的问题	1	2	3	4	5
86. 我从未考虑过要离开自己所在的组织	1	2	3	4	5
87. 我对组织一贯保持诚实守信的职业操守	1	2	3	4	5
88. 在组织发展逆境中，我会与领导同心同德	1	2	3	4	5

第二部分　个人信息

（1）您的年龄：①25 岁及以下　②26～30 岁　③31～35 岁　④36～40 岁　⑤41～45 岁　⑥46 岁以上

（2）您的性别：①男　②女

（3）您的婚姻状况：①已婚　②未婚

（4）您的教育程度：①高中及以下　②大专　③大学本科　④硕士研究生⑤博士研究生

（5）您与目前的直接领导共事时间：①1 年以内　②1～2 年　③3～5 年④6～10 年　⑤11 年以上

（6）您目前所在单位的性质：①国有企业　②外资企业　③民营企业　④事业单位　⑤政府部门　⑥其他

****

问卷到此结束，再次感谢您的支持！

附录2　正式调查问卷

尊敬的各位同人：

感谢您在百忙之中参与本次调研！我是首都经济贸易大学工商管理学院的博士研究生，目前在开展一项科学研究，目的是了解您在工作中的一些看法。这些看法没有好坏之分，只是表明每个人的不同特征。请在回答前仔细阅读每一部分的说明。本调查可能需要您15分钟的时间。

本调查只作为学术研究使用，数据将完全保密。您回答的客观性对本课题的研究结果至关重要，希望您能客观、如实填写，而不是随意勾选。

十分感谢您愿意花时间配合，祝您身体健康、工作顺利！

首都经济贸易大学工商管理学院

第一部分 下面是一些关于您"自己"的陈述，与您的实际情况可能相符也可能不相符。 请根据右侧的回答标准，在相应的位置上打"√"或画"○"。	1 非常 不符合	2 不符合	3 不确定	4 符合	5 非常 符合
【题目中的领导是指您的直接领导】					
1. 我敬佩并学习领导在业务、管理等方面的能力	1	2	3	4	5
2. 领导发言时，我总是非常专注地学习吸收	1	2	3	4	5
3. 我根据领导的建议决定职业发展方向	1	2	3	4	5
4. 我敬佩并学习领导的为人和品行	1	2	3	4	5
5. 我根据领导的意图设立自己潜在的工作目标	1	2	3	4	5
6. 当领导与别人意见发生分歧时，我毫不犹豫声援领导	1	2	3	4	5
7. 为完成领导交办的任务，我会牺牲业余时间，甚至是健康	1	2	3	4	5
8. 即使领导的工作事业遇到挫折，我也会不离不弃	1	2	3	4	5

续表

第一部分 下面是一些关于您"自己"的陈述，与您的实际情况可能相符也可能不相符。 请根据右侧的回答标准，在相应的位置上打"√"或画"○"。	1 非常 不符合	2 不符合	3 不确定	4 符合	5 非常 符合
【题目中的领导是指您的直接领导】					
9. 我不会公开同领导唱反调	1	2	3	4	5
10. 我不会与领导产生误解和矛盾	1	2	3	4	5
11. 日常交往中我注意维护领导的面子和权威	1	2	3	4	5
12. 同事说领导坏话时，我会站出来维护领导	1	2	3	4	5
13. 领导布置工作的潜在意图我能够完全领会	1	2	3	4	5
14. 领导交代任务时不需要详细解释我也能心领神会	1	2	3	4	5
15. 我的工作结果总是能达到领导的要求	1	2	3	4	5
16. 我经常向领导积极建言、出谋划策	1	2	3	4	5
17. 我会完善领导的想法使之更可行	1	2	3	4	5
18. 我经常主动向领导汇报工作情况	1	2	3	4	5
19. 我经常与领导商量具体问题的解决办法	1	2	3	4	5
20. 我对领导布置的工作精益求精，力求最好的表现	1	2	3	4	5
21. 领导布置的任务我会想尽办法克服困难完成	1	2	3	4	5
22. 我认为，领导做决策时不需要征询下属的意见	1	2	3	4	5
23. 我认为，领导应该拥有一些特权	1	2	3	4	5
24. 我认为，领导不应该和下属过多地交换意见	1	2	3	4	5
25. 我认为，领导应当避免与下属有工作之外的交往	1	2	3	4	5
26. 我认为，下属不应该反对领导的决定	1	2	3	4	5
27. 我认为，领导不应该把重要的事情授权给下属去解决	1	2	3	4	5
28. 我的领导能够清楚地表达他真实的意思	1	2	3	4	5
29. 我的领导内在信念和外在行为表现一致	1	2	3	4	5
30. 我的领导想听到对他的核心理念提出挑战的想法	1	2	3	4	5
31. 对于他人怎么评价他的能力，我的领导能客观描述	1	2	3	4	5
32. 我的领导依据他的内在原则来做决定	1	2	3	4	5
33. 在下结论前，我的领导能够认真倾听各种不同的观点	1	2	3	4	5
34. 我的领导清楚地知道自己的优势和劣势	1	2	3	4	5

第一部分					
下面是一些关于您"自己"的陈述，与您的实际情况可能相符也可能不相符。 请根据右侧的回答标准，在相应的位置上打"√"或画"○"。	1 非常不符合	2 不符合	3 不确定	4 符合	5 非常符合
【题目中的领导是指您的直接领导】					
35. 我的领导能够坦率地与其他人分享信息	1	2	3	4	5
36. 我的领导能够顶住压力，反对做有违他理念的事情	1	2	3	4	5
37. 在做决定之前，我的领导能够客观地分析相关数据	1	2	3	4	5
38. 我的领导清楚地知道他对其他人的影响	1	2	3	4	5
39. 我的领导可以清楚地向他人表达想法和思想	1	2	3	4	5
40. 我的领导通过内在道德准则指导自己的行为	1	2	3	4	5
41. 我的领导鼓励他人说出反对意见	1	2	3	4	5
42. 我的领导有时候会嘲笑我	1	2	3	4	5
43. 有时候，我的领导说我的想法或感受是愚蠢的	1	2	3	4	5
44. 有时候，我的领导会让我在别人面前难堪	1	2	3	4	5
45. 我的领导在别人面前对我的评价是消极的	1	2	3	4	5
46. 有时候，我的领导说我是不称职的	1	2	3	4	5
47. 我的领导鼓励我在没有他直接干预的情况下自己寻找问题的解决方案	1	2	3	4	5
48. 我的领导敦促我自己承担责任	1	2	3	4	5
49. 我的领导建议我在遇到临时问题时，不要经常去征求他的许可，而要自己解决	1	2	3	4	5
50. 我的领导鼓励我不依靠他的指导去寻找解决办法	1	2	3	4	5
51. 我的领导敦促我把问题看成是机会而不是障碍	1	2	3	4	5
52. 我的领导建议我在面对问题时寻找机会	1	2	3	4	5
53. 我的领导鼓励我把失败看作一次学习的机会	1	2	3	4	5
54. 我的领导敦促我和组织中的其他成员像一个团队一样工作	1	2	3	4	5
55. 我的领导鼓励我和组织中的其他成员一起工作	1	2	3	4	5
56. 我的领导建议我和组织中的其他成员相互合作	1	2	3	4	5
57. 我认为，当人们发生争论时，应该请最有资历的前辈来判断对错	1	2	3	4	5

续表

第一部分 下面是一些关于您"自己"的陈述，与您的实际情况可能相符也可能不相符。 请根据右侧的回答标准，在相应的位置上打"√"或画"○"。 【题目中的领导是指您的直接领导】	1 非常 不符合	2 不符合	3 不确定	4 符合	5 非常 符合
58. 我认为，孩子应该尊重那些他们父母所尊敬的人	1	2	3	4	5
59. 我认为，避免错误的最好方法就是遵从有资历的前辈们的指示	1	2	3	4	5
60. 我认为，女性在结婚前应该服从父亲，结婚后应该服从丈夫	1	2	3	4	5
61. 我认为，国家领导人就像一家之主一样，公民应该服从他在所有国家问题上的决定	1	2	3	4	5
62. 在假期或者下班后，我会打电话给我的领导或拜访他	1	2	3	4	5
63. 我的领导会邀请我到他家吃午餐或者晚餐	1	2	3	4	5
64. 在某些特殊的时候（如领导生日），我会拜访他或送礼物给他	1	2	3	4	5
65. 我总是主动地与我的领导分享我的观点、问题、需要和感受	1	2	3	4	5
66. 我关心并且能较好地理解我的领导的家庭和工作状况	1	2	3	4	5
67. 当存在观点冲突的时候，我一定会支持我的领导的观点	1	2	3	4	5
68. 当有人批评我的领导时，我感觉就像是自己受到了侮辱	1	2	3	4	5
69. 我非常关心别人如何看待我的领导	1	2	3	4	5
70. 当我谈论起我的领导时，我通常说"我们"而不是"他们"	1	2	3	4	5
71. 我的领导的成功也是我的成功	1	2	3	4	5
72. 当有人赞扬我的领导时，我感觉就像是自己受到了赞扬一样	1	2	3	4	5
73. 如果媒体有报道批评我的领导，我会感到不安	1	2	3	4	5
74. 我认真履行了岗位所应承担的责任	1	2	3	4	5

续表

第一部分 下面是一些关于您"自己"的陈述，与您的实际情况可能相符也可能不相符。 请根据右侧的回答标准，在相应的位置上打"√"或画"○"。 【题目中的领导是指您的直接领导】	1 非常 不符合	2 不符合	3 不确定	4 符合	5 非常 符合
75. 不同时间段的任务指标我都已如期完成	1	2	3	4	5
76. 通过努力，我的年度预期目标已按期实现	1	2	3	4	5
77. 组织对我的岗位工作业绩表示满意	1	2	3	4	5
78. 领导对我的积极工作态度给予高度认可	1	2	3	4	5
79. 我有时会利用个人人脉为组织发展服务	1	2	3	4	5
80. 对于组织发展中的困难，我不会袖手旁观	1	2	3	4	5
81. 对组织有利的事，不管分内分外我都会做	1	2	3	4	5
82. 当工作需要时，我会放弃休息时间主动加班	1	2	3	4	5
83. 我自觉为组织控制不必要的开支与浪费	1	2	3	4	5
84. 我会帮助工作有困难的同事完成其任务	1	2	3	4	5
85. 我一直把公司的问题看成我自己的问题	1	2	3	4	5
86. 我从未考虑过要离开自己所在的组织	1	2	3	4	5
87. 我对组织一贯保持诚实守信的职业操守	1	2	3	4	5
88. 在组织发展逆境中，我会与领导同心同德	1	2	3	4	5

第二部分 个人信息

（1）您的年龄：①25 岁及以下 ②26～30 岁 ③31～35 岁 ④36～40 岁 ⑤41～45 岁 ⑥46 岁以上

（2）您的性别：①男 ②女

（3）您的婚姻状况：①已婚 ②未婚

（4）您的教育程度：①高中及以下 ②大专 ③大学本科 ④硕士研究生 ⑤博士研究生

（5）您与目前的直接领导共事时间：①1 年以内 ②1～2 年 ③3～5 年 ④6～10 年 ⑤11 年以上

（6）您目前所在单位的性质：①国有企业　②外资企业　③民营企业　④事业单位　⑤政府部门　⑥其他

* *

问卷到此结束，再次感谢您的支持！